Wolfgang Schmidbauer **Die deutsche Ehe**

Wolfgang Schmidbauer

Die deutsche Ehe

Liebe im Schatten der Geschichte

orell füssli Verlag

Lektorat: Thomas Bertram
Umschlaggestaltung und Motiv: Hauptmann & Kompanie Werbeagentur, Zürich
Druck: fgb • freiburger graphische betriebe, Freiburg

ISBN: 978-3-280-05571-7

Die Deutsche Nationalbibliothek verzeichnet diese Publikation in der Deutschen Nationalbibliografie; detaillierte bibliografische Daten sind im Internet über http://dnb.d-nb.de abrufbar.

FSC
www.fsc.org
MIX
Papier aus verantwortungsvollen Quellen
FSC® C106847

Inhalt

Einleitung

Diese deutsche Art, das schier Unerreichbare kompromißlos so zu lieben, daß das Erreichbare darüber verloren geht, wiederholt sich in der deutschen Geschichte seit dem Heiligen Römischen Reich Deutscher Nation.[1]

Liebesbeziehungen siedeln in einem sehr privaten Bereich. Wir erleben sie als persönliches Eigentum. Daher befremdet der Gedanke erst einmal, dass nationale und kulturelle Eigenarten überhaupt in der Intimsphäre Einfluss nehmen können. Legen wir doch solche Dinge ab wie Straßenschuhe, ehe wir das Schlafzimmer betreten.

Es gehört zum Wesen der modernen, romantischen Auffassung von Liebe und Ehe, dass Paare sich eine eigene Welt schaffen. In ihr spielen nationale Gesichtspunkte ebenso wie die Traditionen der Ursprungsfamilien eine ganz andere Rolle als in traditionellen Kulturen. Sie liefern Rohstoffe, aus denen sich das Paar seine ganz eigene Welt baut. Und in deren Geist werden dann die Kinder erzogen.

Mein Essay speist sich aus zwei Quellen, einer theoretischen und einer praktischen: Literatur und Geschichte auf der einen Seite, die langjährige und vielfältige psychoanalytische Arbeit mit deutschen und interkulturellen Paaren auf der anderen. Menschen

---

[1] Alexander und Margarete Mitscherlich: *Die Unfähigkeit zu trauern. Grundlagen kollektiven Verhaltens*, München 1967, S. 16.

mit Migrationshintergrund machen inzwischen rund zwanzig Prozent der deutschen Bevölkerung aus; jedes fünfte Kind, das 2011 in der Bundesrepublik geboren wurde, hatte einen nichtdeutschen Elternteil.

Von einem solchen Thema zu sagen, es sei uferlos, ist vielleicht übertrieben. Es hat aber sicher einige schwer erreichbare Küsten und ruft eigentlich nach einem Autor, der mehr als ein Arbeitsleben hinter sich und in möglichst vielen Ländern als Analytiker praktiziert hat.

Aber da dieser Autor nicht zu haben ist, muss ich mit mir selbst vorliebnehmen und hoffen, dass meine Leser mit den Funden etwas anfangen können, die ich anbiete. Einer der Anstöße, mich dem Thema zu widmen, war ein Interview mit einer Rundfunkautorin, die mit großer Hartnäckigkeit versuchte, mir Aussagen über eine »spezifisch deutsche« Streitkultur in Beziehungen zu entlocken. Ich wehrte mich zunächst mit den Einwänden des Empirikers: Um etwas darüber zu sagen, müsste ich doch in mindestens fünf europäischen Städten jeweils einige Jahre als Paaranalytiker praktiziert haben! Aber weil sie nicht lockerließ, fiel mir schließlich doch einiges dazu ein, welche spezifischen Qualitäten der deutschen Kultur in die intimen Beziehungen eingedrungen sein könnten. Und ich fing an, mich mit dem Thema zu beschäftigen. Schon seit geraumer Zeit hatte ich in den Anamnesen vor einer Paaranalyse die Beziehungsdynamik der Eltern und Großeltern zu erforschen versucht. Nun begann ich diese Berichte und meine aktuellen Beobachtungen unter diesem »nationalen« Gesichtspunkt zu betrachten.

Von einer deutschen Intimität zu sprechen hat sich als Geste erst im Nationalsozialismus verbreitet. Nach 1933 wurde die Rede von der deutschen Ehe, der deutschen Mutter, dem deutschen Volk propagandistisch eindringlich. Die NS-Zeit war Rückschritt und

Modernisierung zugleich. Sie schuf Möglichkeiten, Beziehungen einzugehen, welche es vorher nicht gegeben hatte. Die gemeinsame Ideologie bot Paaren Zuflucht, die sich von ihren Ursprungsfamilien gelöst hatten oder lösen wollten, um eine eigene Identität, einen gemeinsamen Narzissmus zu finden. Die Spuren dieser Utopien ebenso wie die der Abstürze nach 1945 finden sich heute noch bei den Kindern und Enkeln aus diesen Ehen.

Aber schon vorher prägte eine spezifische Mischung aus Harmoniebedürfnis und kontrollierter Aggression die deutsche Vorstellung von der Ehe. *Deutsch* als intime, psychologische Kategorie wurde im Aufbäumen gegen eine Demütigung erfunden, angesichts der Niederlage des stolzen Preußen im Kampf gegen Napoleon. Mächtig wurde der nationale Gedanke als Einigungs- und auch Größenfantasie im Sieg über Frankreich und in der Gründung des »zweiten« deutschen Reiches. Angesichts der Niederlage des Kaiserreichs und des von den Gegnern der Weimarer Republik als »Schandfrieden« verunglimpften Versailler Vertrages wiederholte sich dieses Prinzip in gedrängter und bis heute das deutsche Selbstgefühl auch bedrängender Form.

Der Nationalismus des *Deutschland, Deutschland über alles, über alles in der Welt* richtete sich gegen den Usurpator Napoleon, der das Heilige Römische Reich Deutscher Nation abgeschafft und sich selbst die Krone des Imperiums aufgesetzt hatte. Gegen den verhassten Eroberer sollte sich das Volk erheben; jetzt wurde auch das Trotzlied von deutscher Innerlichkeit und Tiefe, von deutschem Gemüt und Gefühl lauter, das gegen die Kälte, Oberflächlichkeit und Berechnung der Feinde, vor allem der Franzosen und Engländer, angestimmt worden war. Sehr verwandte Töne hatte schon Martin Luther angeschlagen, als er den kreuzbraven, ehrlichen und fleißigen deutschen Michel gegen römische Hinterlist und Ausbeutung in Schutz nahm.

Die NS-Propaganda griff dieses Thema auf. Sie ging in der Idealisierung einer deutschen Seele weit über das hinaus, was die Romantiker begonnen hatten. In der antisemitischen Hetze wurde die Reinheit des Gefühls mit dem arischen Blut schlechthin verknüpft und die rassistische Aggression als Schutz dieser Reinheit rationalisiert.

Springen wir vom Allgemeinsten zum Besonderen. Es fällt schwer, sich eine Szene wie die folgende in Italien oder Frankreich vorzustellen:[2]

Während einer Mediationssitzung, in der es um finanzielle Regelungen bei einem seit mehreren Jahren getrennten Paar geht, entspinnt sich ein Dialog über Treue. Zur Vorgeschichte so viel: Maya, die Ehefrau, ist erheblich jünger als ihr Mann Richard. Er hat sie praktisch von ihrer Familie weg geheiratet, sie haben zwei Kinder, die beide über 18 Jahre alt sind. Nach einer Phase heftiger Depressionen (die Richard nicht bemerkte) fing Maya während eines Ferienaufenthaltes ein Verhältnis mit einem anderen Mann an. Sie ist inzwischen aus dem gemeinsamen Haus ausgezogen und lebt seit zwei Jahren mit ihrem neuen Partner zusammen. Die erwachsenen Kinder unterstützen Maya, versuchen aber auch, Richard zu trösten, und reden ihm zu, sich doch seinerseits eine neue Partnerin zu suchen. Es sei doch schon seit Jahren klar, dass die Ehe nur auf dem Papier fortbestehe.

Richard arbeitet als Studiendirektor an einem Gymnasium. Maya kommt aus einer Pastorenfamilie. Maya bittet Richard, seine Vorwurfsmiene abzulegen und mit ihr zu sprechen wie mit anderen Menschen auch. Es sei doch für alle Beteiligten das Vernünftigste, auf Vorwürfe zu verzichten und endlich das Finanzielle zu regeln. Was geschehen sei, sei geschehen und nicht mehr rückgängig zu machen.

---

[2] Dieses wie auch alle folgenden Fallbeispiele sind fiktiv; Ähnlichkeiten mit realen Paaren beruhen allenfalls auf der Ubiquität der zugrunde liegenden Dynamik.

»Erinnerst du dich an den Bibelspruch, den wir bei unserer Hochzeit gewählt haben?«, fragt Richard.

Maya: »Ich habe ihn vergessen, es ist auch schon so lange her, ich war damals ja fast noch ein Kind!«

Richard hat den Spruch nicht vergessen. Er zitiert ihn und setzt hinzu: »Für mich war das eben ein Gelöbnis, nicht etwas, das bloß dahingesagt wurde.«

Maya: »Und was soll das? Soll ich wieder in diese Ehe zurückkehren, in der ich mich wie tot gefühlt habe?«

Richard: »Nach meinen Gefühlen hast du nie gefragt!«

Maya: »Solange ich das Essen gekocht und die Kinder versorgt habe, hast du gesagt, du fühlst dich normal, wenn ich einmal gefragt habe. Und da verlor ich die Lust zu fragen.«

Die Szene ist von trügerischer Einfachheit: Da ist ein Mann, der nicht von der Strategie lassen kann, seiner Frau Schuldgefühle einzuflößen, neben einer Frau, die ihre Ehe am Ende als Käfig erlebt hat. Aber Richard hält an dem Hochzeitsspruch nicht fest, weil er einer intensiveren religiösen Erziehung ausgesetzt war als Maya. Ganz im Gegenteil: Seine Eltern glaubten nach 1945 vorsichtshalber an gar nichts mehr. Richard hatte den protestantischen Glauben in einer Jugendgruppe selbst entdeckt und sich ihm unterworfen, um das Fehlen eines glaubwürdigen Vaters zu kompensieren und eine Grenze gegenüber den Ansprüchen seiner Mutter zu finden. Diese hatte das Familienleben beherrscht, seit der Vater erschüttert und verängstigt aus der Kriegsgefangenschaft zurückgekehrt war. Einen älteren Bruder hatte Richards Mutter verloren; er war, ausgehungert und geschwächt, auf der Flucht aus Ostpreußen an einer Halsentzündung gestorben.

Mayas Eltern hingegen waren Missionare gewesen, der Vater starb an einem Malariaanfall, als Maya zehn Jahre alt war; die Mutter war erleichtert, dass Richard, damals bereits Beamter, um ihre Tochter warb, und gab sie ihm zu guten, sicheren Händen.

Die »deutsche Treue« gehört zum Liedgut der Nation. Aber es handelt sich in diesem Fallbeispiel nicht um Treue. Vielmehr dient sie als Vorwand, um ein verschleiertes Machtverhältnis auszuleben. Richard *scheint* es um neutrale Belehrung und sachliche Erinnerungsarbeit zu gehen. Spezifisch für die deutsche Ehe ist ein Ton, der im Volksmund dem *Oberlehrer* zugeschrieben wird. Diese Wortbildung verrät, dass Pädagogik in Deutschland mehr als anderswo mit dem Begriff *oben* verknüpft ist. Sie ist etwas, das von einer Obrigkeit gegen Untertanen gerichtet wird. Schüler sind Unterworfene, der Lehrer allein hat das Recht, sie zu belehren; er darf sie an ihre Unwissenheit erinnern, sie ihn an seine nicht. Franz Kafka hat diesen Ton in seinem Vater-Brief dargestellt, der nicht nur die Auseinandersetzung mit autoritären Familienstrukturen auf den Punkt bringt, sondern auch die Auseinandersetzung eines freien Geistes mit dummem Stolz.

Der unbewusste Grund für dieses Pochen auf moralische Überlegenheit ist eine Angstdynamik. Angst wird abgewehrt und verleugnet. Richard kann sich nicht auf den Gedanken einlassen, dass Maya einen anderen Mann liebt und ihn deshalb verlassen hat. Damit würde er sich einem inneren Bereich nähern, in dem sein männliches Selbstgefühl durch den Vergleich mit einem Rivalen Schaden nehmen könnte. Die Identifizierung mit dem moralisierenden Oberlehrer hingegen macht ihn überlegen. Er behält recht, verzichtet aber auf eine Beziehung, die nicht durch Dominanz, sondern durch Einfühlung gedeiht.

In dieser rechthaberischen Geste spiegelt sich die Umdeutung des viel vorsichtigeren Verses von Emanuel Geibel (»Und es *mag* am deutschen Wesen / einmal noch die Welt genesen«) durch Wilhelm II. wider: »Am deutschen Wesen *soll* die Welt genesen!«

Andere zu belehren und ihnen den rechten Weg zu weisen gilt als typisch deutsch. Wer die beliebtesten Autoren des 19. Jahrhunderts liest, Karl May etwa oder Gustav Freytag, stößt auf eine unbändige Neigung zur Schulmeisterei. Old Shatterhand belehrt mit Ausnahme seines ihm symbiotisch verbundenen Blutsbruders Winnetou jeden Indianer über das richtige Verhalten auf dem Kriegspfad. In Freytags *Soll und Haben* atmet der Leser mit dem Autor auf, wenn er inmitten der polnischen Schlamperei das saubere deutsche Haus entdeckt, wo hinter dem Spiegel die Rute steckt und der Fußboden gescheuert ist.

Es ist so etwas wie ein deutscher Zwang, Vorbild sein zu müssen. Ein Zwang, der aus Unsicherheit und verleugneten Ängsten erwächst. Ich habe heute den Verdacht, dass das 1977 von mir erstmals beschriebene *Helfersyndrom* nicht nur, wie ich ursprünglich glaubte, ein allgemein menschliches Phänomen ist, sondern die charakteristische Entdeckung eines *deutschen* Psychoanalytikers.[3] Aus Mangel an brauchbaren Elternbildern ernenne ich mich selbst zum Ideal. Um diese Abwehr zu stärken, muss ich zwanghaft helfen und belehren, die Welt aus eigener Unsicherheit zum Schüler machen, es immer besser wissen.

Dieser Zwang hängt mit dem Schatten zusammen, den die Zersplitterung und verhängnisvolle Schwäche Deutschlands während der Zeit der großen Entdeckungen auf das Selbstgefühl der Nation warf, die so viel weniger erfolgreich war als die anderen Völker Europas, mit Ausnahme Italiens, mit dem uns ja auch die Erfahrung des Faschismus verbindet.

In dem Jahrhundert, in dem andere Nationen neue Kontinente erschlossen, verheerte ein blutiger, nicht enden wollender Religi-

---

[3] Wolfgang Schmidbauer: *Die hilflosen Helfer. Die seelische Problematik der sozialen Berufe*, Reinbek bei Hamburg 1977.

onskrieg die Mitte Europas. Als er ausgestanden war – mehr durch Erschöpfung als aus Einsicht –, erwachte Deutschland wie aus einem blutigen Traum. Frankreich, Großbritannien, Spanien, selbst das kleine Portugal und die Niederlande hatten sich der neuen Welten bemächtigt, von denen man so viele Wunderdinge nicht nur hörte, sondern auch greifen konnte – Tabak, Kaffee, Tee, Schokolade, *Kolonialwaren* eben.

Die Deutschen erzählten sich Geschichten über Innerlichkeit, Tiefe und Gefühl, die ihre besonderen Eigenschaften seien. Ihre Fürsten verkauften ganze Regimenter ihrer Landeskinder an den Meistbietenden. Es dauerte lange, bis sich in Deutschland überhaupt ein bürgerliches Selbstgefühl entwickelte. Als es stärker wurde, betäubte es alle Zweifel und Einschränkungen mit dem Rauschgift des Nationalismus. Heinrich Mann hat das in *Der Untertan* hellsichtig beschrieben. Der preußisch-deutsche Kaiser nutzte diese Droge, um einen Krieg vorzubereiten. Als er und seine Clique in ihn hineintaumelten, war die Begeisterung immens. Jetzt endlich konnte Deutschland den verhassten Rivalen in Europa zeigen, dass es überlegen war. Was sie hatten, würde bald dem Sieger gehören.

Wer in einer Größenfantasie scheitert, mit der er sein geschwächtes Selbstgefühl stärken möchte, wird nicht bescheiden. Wie ein verzweifelter Spieler steigert er den nächsten Einsatz, um den ersten Verlust wettzumachen. Auf diesem Prinzip beruhte die Kur des Trance-Redners Hitler, die er dem schwerverletzten und mühsam nach Heilung suchenden deutschen Selbstgefühl für sein Leiden an dem »Schandfrieden« von Versailles, an Wirtschaftskrise, Inflation und Arbeitslosigkeit anbot.

Hitler ergänzte das Versprechen völkischer Größe durch den barbarischen Trick, für alle Mängel am eigenen Selbstgefühl etwas Böses zu finden, welches für das Versagen der versprochenen Überlegenheit als Sündenbock zur Verfügung stand. Die Überlegenheit läge im deutschen Blut, sie sei angestammt und seit Urzeiten da, nur hätten die Juden und Zigeuner sie getrübt und würden das weiter tun, wenn sie nicht durch »hygienische« Maßnahmen daran gehindert würden.

Es ist in der Chaosforschung vielfach dokumentiert, dass sich kleine Ereignisse sozusagen in den großen spiegeln. Einer der frühen, noch ganz im Poetischen verharrenden Vertreter dieser Theorie war Adalbert Stifter, der gegen einen Kritiker seiner Beschäftigung mit kleinen Dingen, einfachen Menschen und Naturerscheinungen den Vergleich richtete, dass die Milch, welche im Topf einer armen Frau überkoche, dem selben Gesetz folge wie der Ausbruch eines Vulkans.

Ähnlich wurde mir in den Jahren, die ich mit Paaranalysen verbracht habe, die deutsche Neigung immer deutlicher, angesichts einer drohenden Niederlage des Selbstgefühls ähnliche Strategien zu entwickeln, wie wir sie aus der Geschichte kennen. Ein Paar, das gemeinsame Ziele finden kann und diese erfolgreich verwirklicht, festigt auf diesem Weg sein Selbstgefühl. Ein Paar, das diese gemeinsamen Ziele nicht mehr findet und/oder bei ihrer Verwirklichung scheitert, gerät in Versuchung, die gemeinsame Niederlage zu leugnen und das eigene Selbstgefühl kriegerisch zu festigen.

Die Partner kämpfen um einen fiktiven Sieg, durch den der Gegenseite ihre vermeintlich bessere Stellung geraubt werden kann, sind aber auch bestrebt, auf keinen Fall die Niederlage zu erleiden, in der es dem Gegner gelingen könnte, selbst als der Überlegene, der Bessere, der Gewinner dazustehen. Es geht darum, Lehrer zu sein, nicht Belehrter, Fehler aufzuzeigen, nicht, sie einzugestehen, Terrain zu gewinnen, sich gegen feindliche Argumente abzuschotten und auf eine günstige Gelegenheit zu warten, die eigenen Argumente abzufeuern wie Geschosse und so den Feind zum Schweigen zu bringen.

In der deutschen Ehe entfaltet sich eine Dynamik, die sowohl allgemein ist als auch speziell, sehr modern und doch geschichtsgeprägte Folge sozialer Traditionen. Von individuellen Glückserwartungen geprägt und doch voller Sehnsucht nach Symbiose, ist jede moderne Ehe ein riskantes Unternehmen. Aber dieses Risiko besitzt in Deutschland eine spezifische Qualität. Es ist über Generationen hinweg mit dem Schicksal einer Nation verwoben, die mehr als alle anderen den Widerspruch zwischen höchsten Idealen und den brutalen Folgen ihres Missbrauchs zugleich inszeniert und erduldet hat.

* * *

In einem vorläufigen Modell der deutschen Ehe lassen sich vier Themen unterscheiden:

1. Das Trauma
2. Die Symbiose
3. Die Gefahr durch das Dritte
4. Die rechthaberische Aggressivität

Das Trauma

Als Deutscher weiß man zwangsläufig mehr über Genozid und Grausamkeit als die Angehörigen anderer Nationen. Was haben die Hunnen, die Mongolen mit den Bürgern eroberter Städte gemacht – Schädelpyramiden, wie sie Tamerlan aufrichten ließ, wenn eine Stadt sich nicht sofort ergab. Was taten die Sklavenhändler den Afrikanern an, wie gingen die Amerikaner mit den Indianern, die Briten mit den Aborigines in Australien um! Das Konzentrationslager haben die Engländer im Burenkrieg erfunden, Stalin hat kaum weniger (oder schlimmer?) gewütet als Hitler, in Palästina lassen Israelis die Araber verdursten und so weiter.

Es nützt nicht viel. Wer sich in Not wähnt, sucht Halt an einem Strohhalm. Aber es kann nicht gelingen, den deutschen Völkermord in einer künstlich gestauten Flut anderer Schandtaten zu historisieren. Die bürokratisch-rassistische Entrechtung der Juden, der eiskalte und in dieser Kälte auch noch idealisierte Massenmord an Frauen und Kindern in Auschwitz und Treblinka, die Verschleppung und Ausbeutung von Millionen, die Vorstellung, Nachbarländer, Partner in einer langen gemeinsamen Geschichte, in Kolonien umzuformen – das deutsche Sündenregister ist lang und einzigartig. Es ist ein deutsches Register, so sehr wir uns auch danach sehnen, uns als Opfer Hitlers und seiner Spießgesellen zu erleben.

Und das uns! Der Nation der Dichter und Denker, der Weltliteratur, der Romantik, der schönsten Gedichte und tiefsinnigsten Tragödien, grandioser Musik, der bahnbrechenden Reformatoren und der die Geistesgeschichte prägenden Philosophen!

Diese Skizze der Krise einer Selbstidealisierung kann unvollständig bleiben. Auf jeden Fall ist der Kontrast immens. Die Kluft zwischen der historischen Wirklichkeit von 1933 bis 1945 und dem Bedürfnis, »gut« zu sein, lässt sich kaum überbrücken. Wir dachten einmal, hatten gute Gründe dafür oder glaubten sie doch zu haben, dass Bescheidenheit, Bildungsstolz und der Verzicht auf koloniale Expansion prägende Qualitäten der deutschen Nation seien. Jetzt leben wir seit bald siebzig Jahren in Demokratie und Frieden. Müsste sich da das deutsche Selbstgefühl nicht erholt haben? Hat es nicht längst diese alten, guten Werte wiedergewonnen und profitiert nun bei den Opfern der Kolonialmächte von einst in einem wenigstens von diesem vom Makel gereinigten Kleid?

Doch so einfach ist das nicht. In den Familien schwächen traumatische Zusammenbrüche ethischer Haltungen die Möglichkeiten der Kinder und Enkel, durch Identifizierung ihrerseits inneren Halt zu finden. Sie leiten manische Kompensationen ein. Die Folgen lassen sich vielfach bei den Menschen finden, die seit 1945 in der längsten und stabilsten Friedensperiode der deutschen Geschichte aufgewachsen sind.

Die Symbiose

Wenn den Individuen der innere Halt an Strukturen fehlt, die sie der Tradition ihrer Familien entnehmen, suchen sie neuen Halt. Die Konstruktion der modernen Ehe kommt dem entgegen. Als Verbindung zweier Personen in romantischer Liebe kann sie auch dazu dienen, die emotionale Unsicherheit der Individuen, ihre Ängste vor falschen Entscheidungen und unbrauchbaren Werten zu mildern. In der Verschmelzung mit einem Du, in einer totalen, ununterscheidbaren Einheit, stärkt sich ein geschwächtes Ich, unterstellt dem Gegenüber die eigene Stärke, spiegelt sich in ihm und gewinnt die geschenkte Macht doppelt zurück.

Das in Liebe fest verbundene Paar ist eine in der Moderne universelle Hoffnung. Angesichts der spezifischen Macht der deutschen Traumatisierungen verbindet sich dieses Paar in einer besonders intensiven, zugleich aber höchst kränkbaren Symbiose. Wechselseitige Bestätigung, Aufmerksamkeit und Anerkennung kompensieren den Mangel an inneren Strukturen.

Da der Zusammenbruch der nationalsozialistischen Ideale des »Herrenmenschen« Väter und Söhne in der Regel mehr betraf als Mütter und Töchter, sind es vor allem die deutschen Männer, die Halt an den Frauen suchen, mit denen sie sich symbiotisch verbinden. Sie können ihre Männlichkeit nur dann erleben und festigen, wenn sie in ihr ausreichend unterstützt und bestätigt werden.

Werden diese symbiotischen Wünsche nach einer Vervollständigung des Erlebens der eigenen Männlichkeit durch eine Partnerin enttäuscht, sind Nähe- und Bindungsängste die Folge. Die Männer fürchten die Verantwortung, die eine Familie mit sich bringt, und wollen dieses Risiko nur auf sich nehmen, wenn sie die absolut *richtige* Partnerin gefunden haben. Eine im Grund ähnliche, von beiden Geschlechtern gewählte Strategie der Symbiose-Abwehr ist die Wahl gebundener Partnerinnen oder Partner, nach dem Motto:

Wenn ich mein Ideal nicht verwirklichen kann, so gewinne ich doch einen Verantwortlichen für dieses Misslingen.

Die Gefahr durch das Dritte

Das Dritte in einer Liebesbeziehung zwischen Frau und Mann ist, neben anderen symbiotischen Rivalen (Schwiegermütter, Ex-Partner/-Partnerinnen, Beruf), das Kind. In der deutschen Ehe wird ein Kind gewünscht, aber zunächst nicht als Drittes erlebt, das die Symbiose stört, sondern als Erweiterung und Vollendung der narzisstischen Wünsche, die in die Symbiose eingebracht wurden.

In der Realität reißt das Baby viele der bisher unbewusst ausgelebten symbiotischen Wunscherfüllungen an sich. Die Partner haben einander bisher ihre symbiotischen Bedürfnisse von den Augen abgelesen. Das Baby schreit. Diese Konkurrenz wird als unfair empfunden. Die Partner fühlen sich vernachlässigt und in ihrer erotischen Bedürftigkeit nicht mehr gesehen. Wenn die Symbiose jetzt zerbricht, mündet die deutsche Ehe (1) in eine frühe Scheidung, nach der einer oder beide Partner neue Symbiosen suchen, (2) in eine oder zwei Teilsymbiosen mit dem Kind, welche die entfremdeten Partner zusammenhalten, oder (3) in eine Triangulierung.

In letzterer gelingt es, die Beziehung für das Dritte zu öffnen, ohne die Erotik in der Partnerschaft zu schwächen. Angesichts der neuen Aufgabe wird ein Teil der symbiotischen Bedürfnisse aufgegeben, ohne die Ehe zu entleeren.

Werden weitere Kinder geboren, heißt das nicht durchweg, dass die Babykrise erledigt und die Triangulierung gefestigt ist. Es kann auch ein Versuch sein, die brüchige Bindungskraft einer Teilsymbiose zu festigen. Dann werden noch weitere Geschwister geboren; die Entfremdung der Partner wird erst deutlich, wenn sich die Ablenkung durch Schwangerschaft und Geburt erschöpft hat und die

Partner nach dem letzten Kind auch definitiv *nicht* mehr in ihre Liebesbeziehung zurückfinden.

Die rechthaberische Aggressivität

Eine typische Qualität der deutschen Ehe ist die normativ-belehrende, an Schuldgefühle appellierende, auf die Erziehung des Partners/der Partnerin zielende Form von Auseinandersetzungen. Angesichts der Aufgabe, sich mit widersprechenden Erwartungen auseinanderzusetzen, suchen die Partner einander zu normieren. Sie sind sich der eigenen Werte nicht sicher genug, um zu ertragen, dass ihr Gegenüber andere Werte gültig findet. Es kann doch nur *eine* Vorstellung von Ordnung, Sauberkeit, gesundem Leben, schmackhaftem Essen, sexueller Aktivität geben!

Die Aggression in der deutschen Ehe ist oft nicht direkt, sondern indirekt; sie tarnt sich als Hilfe, als Anregung, als Versuch, bessere Lösungen anzubieten, richtige Wege aufzuzeigen. Wer sich nicht fügt, ist entweder neidisch auf das überlegene Wissen und weigert sich deshalb böswillig, es zu respektieren, oder er ist zu engstirnig, ja geistesschwach, um die Rolle des Schülers auszufüllen.

Wir sprechen von schwarzer Pädagogik, wenn Schuldgefühle und Versagensängste geweckt werden, um besondere Anstrengungen zu erzwingen. Statt den Partner dabei zu unterstützen, ein Ziel zu erreichen, wird ihm mit Entwertung gedroht, wenn er sich nicht verändert. In diesen Umgangsformen lassen sich Fragmente der ursprünglichen symbiotischen Dynamik auffinden. Kann das Gegenüber die gewünschte Veränderung leisten? Diese Frage wird gar nicht gestellt. Empathie und Wahrnehmung sind durch symbiotische Grundannahmen ersetzt. Da unreflektiert alle eigenen Fertigkeiten auch dem Gegenüber zugeschrieben werden, kann es nur böser Wille sein, wenn *sie/er* nicht leistet, was *ich* an ihrer/seiner Stelle *längst getan* hätte!

Die Symbiose beruht auf wechselseitig zugeschriebenen Idealbildern, die im Streit durch Vorwürfe repariert werden sollen. Dem Partner wird ein Versprechen unterstellt, das er so niemals gegeben hat. Aber er hat dem auf ihn projizierten Bild nicht widersprochen, sondern seine ebenso idealisierende Gegenprojektion entfaltet. Deshalb ist er verpflichtet, Wünsche zu erfüllen, noch ehe sie ausgesprochen oder gar durchdacht sind.

In diesen Wünschen waltet die urtümliche Kampf-Fluchtreaktion. Sie führt dazu, dass das Gegenüber sich wie durch Zauberei teilt. Es hat eine gute Hälfte, die Sicherheit verspricht, vor Ängsten schützt und deren drohender Verlust eben darum auch heftige Ängste mobilisiert. Und es hat eine ebenso böse Hälfte, die heftige Wut weckt, die bekämpft werden muss, die es auszumerzen gilt. So wird eine Person, an die sich heftigste Wünsche nach Zärtlichkeit und Nähe richten, angeschrien und geschüttelt, um das symbiotische Gegenüber hervorzuholen, das durch eben diese Aktionen zu verschwinden droht.

* * *

Das soeben skizzierte Modell der deutschen Ehe soll im Folgenden substanziell untermauert und abschließend durch fünf charakteristische psychologische Motive ergänzt werden: das neurotische Liebesbedürfnis; die gemeinsame Größenfantasie; die Entwertung der Erotik; die schwarze Pädagogik; und die Projektion auf den Partner.

Diese Motive sind nicht spezifisch für deutsche Ehen, sie sind nur in ihnen besonders ausgeprägt. Sie wurzeln zu einem Teil in den besonderen Eigenheiten deutscher Traditionen, zum anderen Teil verarbeiten sie die Erschütterungen durch das katastrophale Ergebnis der nationalen Ideologie. Die Fallbeispiele sind fiktiv; Ähnlichkeiten mit realen Personen beruhen auf zufälligen Übereinstimmungen, die dank der weiten Verbreitung der skizzierten Konflikte unvermeidlich sind.

1. Schatten der Angst

Wenn durch die Mobilmachung für einen nationalen Krieg Väter ihren Familien entrissen werden und nach Monaten oder Jahren traumatisiert zurückkehren, hat das auch Folgen für die nächsten Generationen. Ebenso schwer lasten Kriegsgefangenschaft, Flucht und Vertreibung auf den Familien. Nach traumatischen Erfahrungen nehmen Liebesbeziehungen eine andere Gestalt an als in friedlichen Zeiten. Sie werden in ihren reparativen Möglichkeiten überschätzt und überfordert; umgekehrt macht ein Scheitern dieser Erwartungen den Partner zu einem Feind, auf den eigene Aggressionen und Ängste projiziert werden. Er gewinnt dadurch eine unheimliche Macht und wird entsprechend radikal bekämpft.

Die charakteristische Dynamik der deutschen Kriegstraumatisierung überschneidet sich zwar mit den Grenzerlebnissen anderer Opfer von chronischer Todesnähe, aber sie unterscheidet sich auch erheblich von diesen.[4] Während in anderen Fällen solcher Traumatisierungen der Stolz auf das Überstandene, auf die erfolgreiche Verteidigung gegen einen Angreifer die fortdauernde Verstörung und die erhöhte Belastung durch chronische Ängste zum Teil ausgleicht, waren die Deutschen einem kaum erträglichen Wechsel

[4] Vgl. Wolfgang Schmidbauer: *»Ich wußte nie, was mit Vater ist!« Das Trauma des Krieges in der Familie,* Reinbek bei Hamburg 1998. Eine Neuauflage ist als E-Book unter dem Titel *»Er hat nie darüber geredet!«* lieferbar.

ihres Selbstbildes ausgesetzt. Sie hatten als Angreifer einen unter der Fahne eines rassistischen Überlegenheitsanspruchs geführten Feldzug begonnen. Nur wenige hatten sich nicht von den Anfangserfolgen dieses Unternehmens begeistern lassen, das in seinem innersten Kern verbrecherisch war und einen Rechtsbruch darstellte.

Nach anfänglicher Bestätigung der Größenfantasie wuchs im deutschen Selbstgefühl mit den Niederlagen seit 1943 eine immense, nur durch extreme Steigerung der Abwehr von Einsicht und Nachdenklichkeit erträgliche Spannung. Es war intellektuell klar, dass der Krieg nicht gewonnen werden konnte. Diese Lage der Dinge musste verleugnet werden. Die Mehrheit der Deutschen leistete diese Verleugnung nicht unter äußerem Druck, sondern aus einem eigenen Bedürfnis nach Schonung und Ruhe heraus.

Ich erinnere mich in diesem Zusammenhang an ein Gespräch meiner Mutter mit einer Arbeitsdienstkameradin über Sophie Scholl und die »Weiße Rose«. Die beiden Frauen waren sich einig, die Aktion dieser jungen Menschen sei extrem dumm gewesen, vergleichbar der eines Kindes, das den Tiger am Schwanz zieht. Jede von ihnen betonte außerdem, sie habe Hitler und seine Bonzen verachtet und sei niemals Nationalsozialistin gewesen. Aber in dem Bedürfnis nach Verleugnung waren sich beide einig; die Übermacht des Führerstaates machte die eigene Anpassung zum Ausdruck überlegenen Wissens und die Einsicht der Oppositionellen zur schieren Dummheit.

Das Vertrauen in die eigene Führung war längst zerrüttet. Dennoch musste weitergekämpft werden, um eine Niederlage zu verhindern, die ebenso als total dämonisiert wurde wie der Krieg, der sie abwenden sollte. Einsicht, Reue, Anerkennung der eigenen Schuld wurden durch Verdrängung und Verleugnung ersetzt. Verleugnet wurden auch die Verachtung und das Entsetzen anderer

Nationen und der eigenen Kinder, die kaum weniger Mühe hatten, sich mit den Grausamkeiten der deutschen Mordindustrie auseinanderzusetzen, als die Zeitgenossen, die Täter.

> *»Hitler hatte der deutschen Öffentlichkeit in Stadt und Land mit verschwindenden Ausnahmen möglich gemacht, an die Verwirklichung ihrer infantilen Omnipotenzphantasien glauben zu dürfen. (...) Die Unfähigkeit zur Trauer um den erlittenen Verlust des Führers ist das Ergebnis einer intensiven Abwehr von Schuld, Scham und Angst; sie gelingt durch den Rückzug bisher starker libidinöser Besetzungen. Die Nazivergangenheit wird derealisiert, entwirklicht.«*[5]

Wer sich mit den Ehen in Nachkriegsdeutschland beschäftigt, entdeckt Parallelen zu der hier skizzierten Problematik des Selbstwerterlebens. Die Ehe wurde in ähnlich totalen, ausweglosen Kategorien aufgefasst und durchgestanden wie der totale Krieg, der vor der Katastrophe bewahrt. Die Partner erlebten keine Freude miteinander und aneinander, aber sie unterwarfen sich dem Schicksal und kämpften stumm ihren Kampf, in dem kein Sieg in Aussicht stand und lediglich die Niederlage hinausgezögert werden sollte.

Solche Formen der Abwehr aller für das Selbstgefühl bedrohlichen Inhalte belasten nicht nur die Ehe der Eltern, sondern auch die Fähigkeit der nächsten Generation, Differenzen in Liebesbeziehungen als Entwicklungsanstoß und nicht als Ruhestörung zu erleben. Wer als Kind darunter litt, dass seine Eltern lieblos und aggressiv übereinander sprachen, kann sich später nur mit großer Mühe und unterstützt durch einen verständnisvollen Partner von diesem

---

[5] Mitscherlich, *Die Unfähigkeit zu trauern.* S. 34.

Geschehen distanzieren und es abschütteln. Er traut sich nicht mehr zu, seine eigenen Liebesbeziehungen so zu gestalten, dass Differenzen nicht mit Mitteln des schweigsamen Rückzugs, der Lieblosigkeit, der Entwertung und der Drohung ausgetragen werden.

Die Kinder wollen keine Ehe, die so ist wie die Ehe der Eltern, aber gerade weil sie so energisch nach dieser Alternative streben, geht ihnen die Ehe der Eltern niemals aus dem Kopf. Zwar kommt es dann durchaus zu der einen oder anderen mehr oder weniger provisorischen und flüchtigen Liebesbeziehung, die diesen Namen verdient, aber es gibt keine unbekümmerte, von sorgloser Zuwendung geprägte Liebesehe. Am sichersten wäre es, sich von allen engen Beziehungen zu verabschieden, keine Familie zu gründen, Single zu bleiben.

Wo Beziehungen nie so eng werden, dass für die Partner eine Schwangerschaft infrage kommt, bleibt ihnen die Wiederholung der traumatischen Erfahrung ihrer Eltern erspart – um den Preis des Verzichts. Häufiger sind die Betroffenen überzeugt, dass sie durch eine energische Gegenidentifizierung ganz bestimmt niemals auch nur in die Nähe ähnlich negativer Situationen kommen werden.

Die Verleugnung von Konfliktpotenzialen bereitet schlecht auf die Spannungen in einer Ehe vor. In manisch idealisierten Liebesbeziehungen gibt es keine kleinen Probleme und harmlosen Auseinandersetzungen. Es gibt nur Harmonie oder Katastrophe.

Die Situation erinnert an tragische Motive: Das Streben des Menschen, einer Katastrophe zu entgehen, erzeugt ebendiese Katastrophe. Im Mythos erhält Ödipus das Orakel, er werde seinen Vater töten und seine Mutter heiraten. Er verlässt daher die Eltern, die er kennt und liebt. Er ahnt nicht, dass sie gar nicht seine leiblichen Eltern sind. Sie haben den ausgesetzten Säugling adoptiert. Ödipus wandert in eine Gegend, in die er sonst nie gekommen wäre, schlägt sich dort mit einem Fremden, mit dem er sich sonst nie geschlagen hätte. Er tötet den Unbekannten: Es ist sein leiblicher Vater. Später löst er das Rätsel einer Sphinx und besiegt so auch diese; als Lohn erhält er die Hand der Königin – seiner Mutter.

Der psychologische Untergrund dieses Geschehens, das in der Literatur als »Fluch des Schicksals«, in der Psychoanalyse als »Wiederholungszwang«[6] beschrieben wird, ist eine Angstdynamik. In der Ödipus-Tragödie bewegt die Angst vor einer angekündigten Katastrophe den Helden zu den Entscheidungen, welche diese Katastrophe auslösen. Auch in den Streitehen ist es die Angst vor der Katastrophe des Misslingens, die zu destruktiven Anstrengungen und Manipulationsversuchen durch Drohungen oder direkte Gewalt führt. Bis hin zu Hitlers Geschrei über Schmach und Größe: Die Angst vor Entwertung steckt tief im deutschen Selbstgefühl, treibt es in manische Selbstidealisierung und erzeugt den fanatischen Glauben an einen Führer, der von ebendieser Dynamik getrieben ist und Erlösung ankündigt.

Die deutsche Besonderheit seit 1945 ist die Angst vor einem übermächtigen Schuldgefühl, das sich mit der Einsicht in eigene Täterschaft verknüpfen würde. Begehrt ist die komfortable Opferrolle: Ich bin in jedem Fall auf der guten Seite, bemühe mich bis an den Rand meiner Kräfte um partnerschaftliche Tugend und bitte jetzt in aller Bescheidenheit um Aufklärung, warum meine Bemühungen nicht wahrgenommen, sondern, im Gegenteil, von meinem Liebespartner mit gröbster Achtlosigkeit quittiert wer-

---

[6] Auf dem Kongress der Milton-Erikson-Gesellschaft 2013 in Bad Kissingen nannte Gunther Schmidt, ein führender Vertreter der Hypnose in Deutschland, das Freud'sche Konzept des Wiederholungszwangs »ein Verbrechen«. Auch das erschien mir typisch für die deutsche Überkompensation. Amerikanische Hypnotherapeuten betonen ebenfalls die »Ressourcenorientierung« ihrer Behandlung gegenüber einer »Defizitorientierung« der Psychoanalyse. Aber ihnen scheint es um Zweckmäßigkeit zu gehen, nicht um Moral.

den. Ich bin fassungslos, wie es ihm gelingt, über seine Neigung hinwegzusehen, die einfachsten Regeln des Anstands und der Aufmerksamkeit zu verletzen und meine Güte zu ignorieren.

Ähnlich wie die Liebeserwartungen Traumatisierter[7] von der Hoffnung auf eine korrigierende, reparative Erfahrung geprägt sind, haben traumatisierte Eltern in Deutschland ihre Kinder so erzogen, dass die Vermeidung selbst erlebter Übel neue Übel schafft.

Solche Eltern beobachten ihre Kinder genau. Sie sind misstrauisch, wittern überall Gefahren und suchen ihre Liebsten vor den Gefahren zu schützen, die ihre Ängste ausgelöst haben. Diese Eltern können nicht zwischen akuten und künftigen Gefahren unterscheiden, ebenso wenig zwischen vermeidbaren und unvermeidbaren Risiken.[8]

Die folgende Geschichte, die ich während meiner ersten Beschäftigung mit dem Zusammenhang zwischen traumatischen Erfahrungen der Elterngeneration und ihren Folgen für die Kinder verfasst habe, verdeutlicht das soeben Gesagte:[9]

> Sie wusste nicht, warum ihr das Leben keine Freude machte. Die Tage kamen auf sie zu wie Regenwolken, tiefgrau am Morgen. Wenn sie dann doch aufgestanden war, doch der Kleinen das Frühstück gemacht

---

[7] Das spiegelt sich sogar im Verhalten von Therapeuten wider, die sich auf die Behandlung von Missbrauchserfahrungen spezialisiert haben. Einige von ihnen fordern, in diesem Bereich das Streben nach rationaler Klärung von Interaktionen durch Parteinahme zu ersetzen; wer das nicht tue, vertrete »Täterinteressen«.

[8] Zur Veranschaulichung: Das Risiko eines Flugzeugabsturzes kann ich vermeiden, wenn ich am Boden bleibe. Sobald ich mich aber entschieden habe, dieses Risiko in Kauf zu nehmen, und mich in ein Flugzeug setze, ist die Angst sinnlos geworden. Ich tue gut daran, sie zu ignorieren, weil sie mich nicht mehr schützt.

[9] Zuerst veröffentlicht in: Schmidbauer, *»Ich wußte nie, was mit Vater ist!«*, a. a. O. Als E-Book veröffentlicht unter dem Titel *»Er hat nie darüber geredet!«*.

und sie in die Schule entlassen hatte, doch angefangen hatte, die Küche aufzuräumen und die Waschmaschine zu füllen, war alles immer noch grau, und es gab keine Hoffnung. Aber die nackte Verzweiflung hatte einem Gefühl Platz gemacht, am Fließband zu stehen, eine Stunde nach der anderen abzuhaken, Pflichten zu erledigen, die allmählich, eine nach der anderen, verschwanden. Am Abend, wenn die Tochter im Bett lag und der Mann vor dem Fernseher döste, war doch etwas wie ein Aufatmen und eine Erleichterung da, eine entspannte, wohlige Müdigkeit, die sich über Nacht wieder in das Empfinden verwandelte, sie sei inwendig mit Blei ausgegossen und könne sich nicht aufraffen.

Auch die Analysestunde war etwas, das abgehakt wurde, ohne Hoffnung, eine weitere Pflichterfüllung. Sie tat es ihrem Mann zuliebe und ihrer Mama. Ganz langsam wurde deutlicher, wann das angefangen hatte. Sie erinnerte sich nicht, ob sie jemals ein Kind gewesen war. Ihre Mama wusste alles so viel besser: wie brav und still vergnügt sie gewesen, wie viel weniger eine Plage als der aufrührerische und anspruchsvolle Bruder, der – obwohl er schon fast alle Aufmerksamkeit der Mama hatte – nur mit Mühe gehindert werden konnte, die kleine Schwester mitsamt ihrem Wickelkissen in die Backröhre des Küchenofens zu schieben, um sie zu braten. Von nichts wusste sie, alles war schon immer so gewesen, der Papa weit weg, sprachlos und zynisch, die Mutter ganz dicht, ängstlich plappernd, von jeder Kleinigkeit aufgescheucht und nicht mehr zu beruhigen.

Sie sollte sich interessieren? Wie die Eltern so geworden seien, wie sie schon immer waren? Sie wusste nichts. Doch, es gab schon einige Fetzen. Sinnlose Fragmente. Die Mama konnte nicht von ihrer eigenen Kindheit, ihrem Zuhause reden. Ihr kamen die Tränen. Sie hatte alles verloren. Im Sudentenland war sie eine reiche

Partie gewesen, ihr Vater Fabrikdirektor und ihre Mutter die Gauleiterin der NS-Frauenschaft. Im Auffanglager war sie eine verängstigte Lazarettpflegerin, das Gymnasium abgebrochen, die Mutter verhaftet, der Vater verhungert.

Der Papa kam von einem kleinen Hof in Niederbayern. Seine Mutter hatte ein Wohnrecht dort, und die Kinder trugen im Sommer keine Schuhe. Als Soldat wäre er gerne stolz gewesen auf seinen feldgrauen Rock und die schweren Stiefel, die ihm ein Gewicht gaben. Aber der Krieg war zum Chaos geworden, man wäre gerne noch richtig hineingekommen und musste doch sehen, wie man herauskam. Man musste froh sein, wenn die Haut heil geblieben war. Dank und Ehre waren nicht zu erwarten.

Der Papa sah gut aus. Er verdiente ein wenig mehr als die Mama während ihrer Ausbildung in einem Modegeschäft. Er wollte die Meisterprüfung anpacken und sich selbstständig machen. Er spürte in der Mama eine Sicherheit, die er für sich haben wollte. Sie sagte ihm, welche Anzüge schick waren, sie wusste, welche Theaterstücke man besuchen durfte und welche nicht, sie erklärte ihm, was die Handlung der Oper war, in die er gerne mit ihr ging. Er hätte keinem seiner Kollegen sagen können, was er daran fand.

Sie heirateten. Der Papa machte sich selbstständig: Gas- und Wasserinstallationen. Die Mama arbeitete halbtags in dem kleinen Modeladen, den sie mit einer früheren Kollegin führte. Er stellte Gesellen ein, bildete Lehrlinge aus. Nur der Sonntag, der war heilig, den verbrachte die Familie zusammen. Warum hatte sie diese Zeit einer zwangsglücklichen Kindheit vergessen, in der die Familie doch in zäher Mühe den Schutzwall aufgebaut hatte, in dem sich dann – so erinnerte sie es – alle nur gefangen fühlten und keiner beschützt?

Sie hatte keine Bilder davon, es gab keinen Papa, der liebevoll war und mit einem Kind spielte, keine Mama, die ruhig und friedlich in der Küche stand und Teig rührte oder Gemüse schnitt, es gab nur Streit und Schreie, den zornroten Bruder, den noch röteren, dann aber eiskalten Papa, die aufgeregte Mama, wie ein gackerndes Huhn, die auf alle einredete und am Ende doch dem Papa steckte, was ihr im vermeintlichen Vertrauen gesagt worden war. Seit sie denken konnte, war es so. Der Papa war immer jähzornig, zurückgezogen, polterte, brüllte, wenn er nicht so betrunken war, dass er schlief und sie ihn morgens im Sessel fand, schnarchend, den Kopf zwischen den Schultern, den Krug auf dem Tisch noch halb voll mit schalem Bier.

»Du interessierst dich für nichts«, sagten die Eltern, wenn sie stumm das Nötigste für die Schule machte, um allen Nachfragen zu entgehen. Und jetzt warf ihr der Analytiker vor, sie interessiere sich nicht einmal für sich selber. Wie sollte sie auch! Sie lieferte überall ihre Pflichterfüllungen ab, spazierte durch diesen Zoo und warf jedem seinen Brocken in den Käfig. Sie ließ sich von keinem fassen, keiner sollte wissen, was sie brauchte. Brauchte sie überhaupt etwas? Sie wollte nur ihre Ruhe. Aber gerade die ließ ihr der Papa nicht. Er riss das Lederband ab, an dem das kleine goldene Schloss hing, und las ihr Tagebuch. Dann schrie er sie an, wer die Männer seien, deren Namen da standen. Sie schrie zurück, dass ihn das nichts angehe, und er schlug sie, und sie schlug zurück, und es war ein Toben, bis sie aus dem Haus stürzte, in das Polizeipräsidium fuhr, ihn anzeigte und nie wieder zurückkommen wollte.

Man brachte sie in ein Heim. Eine Ärztin fotografierte ihre Blutergüsse. Am nächsten Tag kam die Mama und redete der 17-Jährigen zu, bis sie nach Hause kam. Der Papa ging stumm aus dem Zimmer, wenn sie nicht schon vorher, ebenso stumm, hinausgegangen war. Er hatte alle seine Gesellen und Lehrlinge entlassen und arbeitete jetzt alleine; dann gab er seinen Betrieb auf und half im Geschäft der Mutter, das gerade die zweite Filiale eröffnete. Einmal kam sie zufällig vorbei, als er drinnen eine Kundin in ihrem Alter bediente. Sie sah, wie er die Fremde anlächelte und sich verbeugte und ihr geschickt in eine Kostümjacke half.

Der Analytiker sagte ihr öfter, dass sie nicht nutze, was er ihr anbiete: Zeit und Aufmerksamkeit und Interesse, zu verstehen, warum war, was war. Sie sagte dann trotzig, was biete er denn schon, und wie noch viel weniger habe sie zu bieten, sie sei es eben gewohnt, immer die Fee zu spielen und sich hinter das zurückzuziehen, was für andere gut sei. Ihr Vater sei eben ein grausamer Mensch gewesen, kein Wunder, dass sie dem Analytiker nicht traue, das nenne man Übertragung, damit sage sie ihm nichts Neues, er langweile sich zu Recht und solle endlich eine interessantere Patientin suchen und nicht darauf bestehen, mit ihr weiterzuarbeiten.

Er meinte dann etwas wie, was sie wie einen Einwand ausdrücke und wohinter er Trotz spüre, sei doch im Grunde die Bestätigung, dass sie sich ihm zu Diensten gestellt fühle und sich nicht ausmalen könne, wie er ihr zu Diensten sein könne, obwohl es doch ihre Stunden seien. Sie versuchte nach ihrer Art, ihn abzuwerten und dahin zu bringen, dass die Analysestunden genauso wie Regenwolken auf ihn zukamen, grau und hoffnungslos. Er hielt aus.

So kam sie eines Tages, lag nicht mehr gefasst da und berichtete einen Traum, zu dem ihr nichts einfiel außer säuberlich Geordnetem, sondern weinte, sie, die noch nie geweint hatte, und erzählte schluchzend, dass der Bruder ihres Papas am Verhungern sei. Sie wisse nicht, ob der Papa es ertrage, und sie würde ihm gerne helfen, aber sie könne es nicht, denn sie wisse nicht, wie er reagieren würde, und wisse weiterhin nicht, wie sie ihn trösten solle, es sei so schrecklich.

Dann erzählte sie von dem Onkel, der schon lange keine Freude am Leben mehr gehabt habe außer daran, zu trinken und zu rauchen. Als sein Husten gar nicht mehr aufhören wollte, ging er irgendwann doch zum

Arzt; der Lungenkrebs war bis zur Speiseröhre vorgedrungen. Es gab die Wahl, operiert zu werden und bald zu sterben, oder nicht operiert zu werden und gleich zu sterben. Da schloss er sich in die Wohnung ein.
Als er das Telefon nicht mehr abhob, alarmierte eine Schwester die Polizei, der Hausmeister schloss die Türe auf, der Kranke wurde, fast zum Skelett abgemagert, in der Intensivstation künstlich ernährt, der Papa besuchte ihn täglich, und die Mutter sagte, er sähe schrecklich aus und ihre Tochter solle es sich ersparen, ihn noch einmal zu sehen.
Der Analytiker sagte nur wenig in dieser Stunde. Er meinte nur, dass ihre Mama vielleicht so viel Schreckliches erlebt habe, dass sie der Tochter alles ersparen wolle, was heftig sei. Aber sie sei inzwischen selbst erwachsen, selbst Mutter, und ihr Onkel sterbe.
In die nächste Sitzung kam sie nicht mehr depressiv, sondern zugleich heiter und traurig. »Ich habe meinen Onkel gesehen. Er ist gar nicht schlimm, nur sehr mager und schwach. Und mein Papa ist ganz rührend. Er spricht bayerisch mit ihm, ich habe das nie von ihm gehört. Er streichelt ihn und sagt: »Jo, jo, jetz genga mia hoam.« Ich war eine Stunde bei ihm, und es war nicht so, dass ich ihn trösten musste, er hat mich getröstet, ich habe meine Hand auf sein Knie gelegt, und er hat sie festgehalten. Dann sind wir nach Hause gefahren, und wir saßen in der Küche, während meine Mama mit der Enkelin im Wohnzimmer spielte. Da hat er mir erzählt, wie seine Kindheit war. Auch von Mama; sie redet ja nie über die Vertreibung. Ich hörte zum ersten Mal, dass ihre Mutter nach dem Krieg eingesperrt worden war. Es ist, als ob er mich nie gehasst hätte, er war ratlos, wie ich, und glaubte, ich könnte ihn nicht leiden, wie ich.«
Die nächste Zeit der Analyse verbrachten die beiden damit, aufzuklären, was entgleist war. Die Kindheit mit der Sympathie zum Papa und der Sehnsucht nach dem Mann, der selbstbewusster war als die immer ängstliche Mama, die war klar. Aber während des Heranwachsens hatte sich die Familie zu einem wirren Gemenge aus Brüchen und Re-

paraturversuchen entwickelt, die womöglich noch schlimmer waren als die Brüche. Auflösen durfte sie sich nicht, obwohl die Partner füreinander fast unerträglich geworden waren: Da gab es die Kinder, das Haus, das Geschäft, den Ruf. Schon einmal hatte die Mutter alles verloren. Nicht noch einmal.

Aber der Mann war unerträglich. Unfähig. Er mochte ein guter Handwerksmeister sein. Als Unternehmer war er eine Katastrophe. Keine Menschenführung. Er hätte sich informieren können. Lieber schrie er seine Lehrlinge an und riss ihnen das Werkzeug aus der Hand, um ihnen zu zeigen, dass er es konnte. Die guten Leute kündigten. Die anderen blieben und sorgten dafür, dass es mit dem Ruf der Firma bergab ging.

Der Papa hatte der Mama die verlorene Heimat ersetzen wollen durch ein Unternehmen, das ihn zermürbte. Die Mama wollte die Tochter besser auf das Leben vorbereiten, als sie selbst vorbereitet war. Sie war singend mit einem Blumenstrauß mit ihrer Klasse aus dem Mädchengymnasium in das Lazarett gefahren, um tapfere junge Soldaten genesen zu sehen. Die Tochter wäre in der richtigen Stimmung dorthin gegangen: skeptisch, pflichtbewusst, auf das Schlimmste gefasst.

Als die Kinder in das Alter kamen, in dem sie selbst beinahe gestorben wären, konnten die Eltern ihnen ihr Leben nicht lassen. Der Papa wollte seine Tochter davor bewahren, dass etwas Falsches in ihr Leben kam, das ihn in Panik versetzte. Sie aber kämpfte um ihre Freiheit. Erst angesichts des Vater-Bruders, der als Nachklang seiner selbst in der Intensivstation erlosch, erkannten Vater und Tochter, dass sie lebendig sein durften ohne Gefahr füreinander.

Die hier geschilderte Patientin lebte in einem Zustand chronischer Freudlosigkeit und Glücksvermeidung, der sich in der Analyse als unbewusste Vorbereitung auf das Trauma der Mutter erwies. Die Mutter der Patientin war 1944 kurz vor dem Abitur von der Großmutter (einer führenden Funktionärin der NS-Frauenschaft) aufgefordert worden, als Sanitäterin Dienst zu leisten. Sie wurde aus der familiären Geborgenheit herausgerissen, begegnete dem Grauen der Verbandsplätze und geriet angesichts der Frontzusammenbrüche im Osten mehrmals in akute Gefahr. Die 19-Jährige erlebte als »Lohn« für ihren Einsatz die Beschämung, dass ihr Vater in einem sowjetischen Arbeitslager umgekommen war und ihre Mutter wegen ihrer NS-Rolle eine Gefängnisstrafe verbüßen musste.

Die seelischen Folgen dieser Traumatisierungen für die Mutter der Patientin waren chronische Verfolgungsängste (»Was werden die Leute sagen?«), Arbeitswut und eine extrem kontrollierende, unfrohe Erziehung. Die Tochter wurde ein ernstes, überangepasstes Kind, das sich in der Pubertät zurückzog, mit Drogen experimentierte und sich nach dem Abitur in der Studentenbewegung engagierte. Die Tochter entwertete ihre Eltern, studierte Soziologie und heiratete einen Mitstudenten. In der Ehe erkrankte sie an einer Depression, empfand die sexuellen Wünsche ihres Partners als lästig und sich selbst als Versagerin. Die Zusammenhänge zwischen ihrer Ehe und der Ehe ihrer Eltern waren ihr anfangs ganz fremd.

Die traumatisierte Mutter dieser Patientin glaubte, ihrer Tochter etwas Gutes zu tun, indem sie diese *auf ihr eigenes Trauma vorbereitete* und gegen dieses wappnete. Das lässt sich häufig in den pädagogischen Aktionen traumatisierter Eltern nachweisen. Auf ähnlichen Mechanismen beruhen auch viele Haltungen der NS-Redner. Sie sind ohne die Erfahrungen in den Materialschlachten des Ersten Weltkriegs nicht zu begreifen.

Hitler sagte 1935 auf dem Reichsparteitag in Nürnberg in seiner Rede an die Hitlerjugend, er wünsche sich die deutschen Jungen der Zukunft »schlank und rank …, flink wie Windhunde, zäh wie Leder und hart wie Kruppstahl!« Mit diesem Satz griff er eine ähnliche Formulierung aus *Mein Kampf* auf. Leder und Hunde als

Vorbild für Kinder werden verständlich, wenn wir die Erfahrungen des Meldegängers Hitler in den Gräben und Gasangriffen des Ersten Weltkriegs verallgemeinern.[10]

[10] Diese masochistische Metaphorik löste sich nach 1945 von Hitler, bewahrte aber ihren Inhalt. Auch nach dem Zweiten Weltkrieg bekamen viele deutsche Jungen sie zu hören, neben dem Satz »Ein Indianer kennt keinen Schmerz«. Auf seinem umstrittenen Album »Mit freundlichen Grüßen« von 2013 coverte der 74-jährige, bis dahin durch Schnulzen bekannt gewordene Heinz Georg Kramm (»Heino«) die Lieder deutscher Rocksänger. Von einer Interviewerin der *Frankfurter Allgemeinen Sonntagszeitung* gefragt, ob er sich vorstellen könne, eine weitere derartige Platte aufzunehmen, antwortete er: »Wenn ich jetzt tot umfalle, ist es das letzte Album gewesen. (…) Aber noch bin ich ja hart wie Kruppstahl, zäh wie Leder und flink wie ein Windhund.«

2. Wollt ihr die totale Harmonie?

Angesichts der zermürbenden Opfer von Grabenkriegen und Materialschlachten wäre es für das Deutsche Kaiserreich sinnvoll gewesen, 1916 einzulenken, um Frieden zu ersuchen, zu verhandeln. Es war klar, dass der Krieg ertragen, aber nicht gewonnen werden konnte; ihn zu führen kostete immer mehr und versprach immer weniger Aussichten auf einen Sieg.

Gegen diese vernünftige Position, ein schlechtes Geschäft lieber früher als später aufzugeben, entwickelte die Führungselite Deutschlands das Konzept des totalen Krieges. Angeblich hat es Erich Ludendorff erfunden, Erster Generalquartiermeister und Stellvertreter Paul von Hindenburgs in der Obersten Heeresleitung. Ökonomisches Denken würde von Insolvenzverschleppung sprechen, einem Delikt aus der Sparte »Betrug«.

Der totale Krieg erreichte mit Goebbels' Rede im Jahr 1944 (»Wollt ihr Butter oder Kanonen?!!«) seinen rhetorischen Höhepunkt und blieb bis 1945 ein anerkanntes Konzept. Wer nicht mitmachte, musste damit rechnen, wegen zersetzender Gedanken an die Wand gestellt zu werden. Das waren böse Zeiten für die Psychoanalyse, die an allem zweifeln sollte, auch an sich selbst.

Die Idealisierung von deutscher Treue und Liebe zeitigte ähnliche Folgen. Wie der totale Krieg erst erfunden werden kann, wenn jeder Humor, jeder spielerische Zugang zu einem Geschehen abhanden gekommen ist, so ist es für die deutsche Ehe charakteristisch, dass Disharmonien nicht hingenommen werden.

Die deutsche Disziplin in militärischen Dingen ist legendär. Ebendiese Disziplin wacht auch über die ehelichen Pflichten. Verstöße werden rücksichtslos bestraft. Es gibt keinen Kompromiss – entweder *stimmt* die Beziehung, oder sie *stimmt nicht*, entweder ist sie gut oder schlecht.

Die aggressive Qualität *jeder* Disziplin gewinnt in der deutschen Beziehungsmythologie eine Übermacht, die wohl damit zusammenhängt, dass das deutsche Selbstgefühl von Zersplitterung und von der Angst bestimmt ist, in einer Rivalität nicht zu bestehen. Goethes Faust-Gestalt beleuchtet diese Qualität. Dem *Carpe diem* der mediterranen Kultur, dem *Leben und leben lassen* der Angelsachsen stellt sich Faust in den Weg. Er äußert eine unersättliche Rivalität mit der eigenen Schwäche und Nachgiebigkeit. Wer stillstehen, ausruhen, nicht weiterkämpfen und weiterstreben wolle, um den sei es geschehen, den möge der Teufel holen!

Um das kostbarste Gut zu retten und zu bewahren, ist keine geringere Anstrengung erlaubt als die totale. Wo keine Zeichen eines Erfolges erkennbar sind, wird nur die völlige Erschöpfung als Signalgeber der Entscheidung, sich zurückzunehmen, zugelassen.

In einer Liebesbeziehung geht es darum, unterschiedliche Vorstellungen herauszuarbeiten, – davon, was Liebe bedeutet, welche Ziele sie generiert, welche Wege sie erlaubt, welche sie verbietet. Diese Unterschiede entdeckt nur, wer informieren kann und darf, ohne zu belehren oder belehrt zu werden. Je stärker sich Schulmeisterei und moralischer Ehrgeiz ausprägen, desto weniger Raum bleibt für einen Austausch über Bedürfnisse und Seinsweisen.

Damit geht die Fähigkeit des erlebenden Ichs verloren, an eine Vereinbarkeit von Egoismus und Liebe zu *glauben*. Dieser Verlust ist ein menschliches Risiko. Er hängt mit jenen Formen der Eifersucht zusammen, in denen das Liebesobjekt zum Ziel eines Angriffs wird. Andere Lebewesen vertreiben Rivalen, um das begehrte

Objekt in Besitz zu nehmen. Nicht so bei vielen Formen der menschlichen Eifersucht: Hier richtet sich die Aggression *gegen das Liebesobjekt*, manchmal heftiger als gegen den Rivalen.

Die Angst vor dem Verlassenwerden wird zur rachsüchtigen Bestrafung des Liebesobjekts umgeschmolzen. Viele Eifersüchtige finden nicht den Rivalen, sondern das geliebte Objekt »böse«. Das ist der Konstruktion der menschlichen Paarbindung geschuldet. Während jener Phase der Evolution, in der sich menschliche Paare bildeten, wurde Sexualität mit der kindlichen Angst vor dem Verlust des symbiotischen Objekts verknüpft.[11]

Der klassische »tragische Konflikt« zwischen Pflicht und Neigung, zwischen sozialer Norm und Leidenschaft wurzelt in einer evolutionären Dynamik: den Trieb befriedigen, gleichzeitig aber die Anerkennung der wichtigen Liebesobjekte nicht verlieren. Das Bedürfnis nach dieser Anerkennung wurzelt tief in archaischen Ängsten vor dem Verlust der schützenden Mutter. Es wird verinnerlicht als Stolz und Gewissen, Ich-Ideal und Über-Ich. Wie es optische Täuschungen gibt, so ist der »freie Wille« in den Augen der Neurowissenschaften eine Erlebnistäuschung. Aber diese Täuschung ist für das erlebende Ich ähnlich hilfreich wie die Benutzeroberfläche eines Rechners für den Menschen, der mit diesem arbeiten soll. Die Regelung unseres Handelns durch die Illusion der freien Wahl ermöglicht erst die Struktur und den Zusammenhang unserer Biografie und die immense, auch emotionale Bedeutung von Normen und Idealen für unser Leben. So kann es geschehen, dass die Beziehungen zu einer Frau, einem Kind, einer Nation, einem Gott mit dem Wort »Liebe« beschrieben werden können, obwohl ihre Eigenschaften höchst unterschiedlich sind.

---

[11] Vgl. Wolfgang Schmidbauer: *Die Rache der Liebenden*, Reinbek bei Hamburg 2005.

Es gibt eine in ihrem Ursprung nicht ganz aufklärbare Floskel,[12] die den Zynismus der viktorianischen Sexualmoral illustrieren soll. Frage: Wie soll eine anständige Frau ihre eheliche Pflicht erfüllen? Antwort: Sie soll die Augen schließen, die Beine öffnen und an England denken.

Diese Vermischung von Sexualität und Nationalismus ist kein Zufall. Das Nationalgefühl symbolisiert Zugehörigkeit und Schutz, es übernimmt für Erwachsene die Bedeutung, welche für kleine Kinder die Mutter hat.[13] Es gibt in dieser Fantasie ein omnipotentes Objekt, das bereit ist, mit mir zu verschmelzen und mich in sich aufzunehmen. Solange ich Teil dieses Objekts bin, bin ich auch sicher; solange ich es rein halte, ist auch diese Sicherheit unangreifbar, und indem ich alles Böse von ihm abspalte und nach außen verlege, wächst meine Sicherheit. Die daraus wachsende Unfähigkeit, von dem eigenen Idealbild abweichende Äußerungen eines Gegenübers zu dulden, führt zu Invasionen in das Innere des Liebespartners auf der Suche nach einer Normalität, die auch meine eigenes ist.

Monika hat Fritz über gemeinsame Bekannte kennengelernt. Sie war damals in keiner guten Verfassung, sie hatte entdeckt, dass ihr Freund sie schon zwei Jahre lang mit ihrer besten Freundin betrog. Sie hätte das beiden niemals zugetraut. Fritz hatte Monika schon länger gefallen, er nahm kein Blatt vor den Mund, war beruflich sehr ehrgeizig und erfolgreich, er würde ihr immer reinen Wein einschenken, so habe er

---

12 Sie wird mal auf ein Tagebuch zurückgeführt, mal Queen Viktoria in den Mund gelegt; es gibt inzwischen sogar eine Komödie mit diesem Titel.

13 In Adolf Hitlers *Mein Kampf* wird die Idealisierung Deutschlands in dieser mütterlichen Qualität ganz deutlich. Sie prägte das Verhalten des »Führers« der Bewegung bis in seine sexuelle Beziehung zu Eva Braun, die er erst dann in eine Ehe umwandelte, als »Deutschland« ihn durch seine Niederlage enttäuscht und verlassen hatte.

es auch bisher gehalten. An die Zeit der getrennten Wohnungen erinnerten sich beide später als an ihre beste Zeit. Sie trafen sich, wenn die Berufsarbeit Platz ließ, verbrachten intensive, sehr erotische Stunden, trieben gemeinsam Sport, fuhren zusammen in den Urlaub. Dann meldete der Vermieter bei Fritz Eigenbedarf an. Er brauche die Wohnung für einen Sohn, der sein Studium abgeschlossen hatte.
Fritz schlug Monika vor zusammenzuziehen. Er hatte nur wenig Zeit, eine passende Wohnung zu suchen, sein Beruf forderte ihn sehr, während Monika ihre Dissertation schrieb und sich ihre Zeit besser einteilen konnte als Fritz, der mit Projektarbeit in ganz Europa unterwegs war. Als beide die Wohnung bezogen hatten, erwartete Fritz, dass Monika sich mehr auf seine Bedürfnisse einstellte. Schließlich zahlte er den größten Teil der Miete; Monika hätte sich von ihrem Stipendium solchen Luxus nicht leisten können. Monika hingegen erwartete, dass Fritz mehr auf sie einging, schließlich hatte sie sich so viel Mühe gegeben, die Räume zu finden und einzurichten.
Als Monika und Fritz in die Paaranalyse kamen, suchte Monika bereits nach einer eigenen Wohnung. Die Therapie sei der allerletzte Versuch, etwas zu retten und zu bewahren, was im Grunde schon verloren sei. Das Zusammenleben habe gezeigt, dass Fritz doch nicht so zu ihr passe, wie sie einmal geglaubt habe. Sie ertrage Fritz' Kälte ebenso wenig wie sein aufbrausendes, gewalttätiges Wesen. Er habe sie schon mehrmals tätlich angegriffen, sie fürchte Schlimmeres. Die Beziehung sei ihr ein Rätsel. Sie könnten einen schönen Wochenendurlaub verbringen und sich bestens verstehen, aber auf einmal sei der Streit da, keiner wisse, wieso und warum, jeder Anlass sei für eine Eskalation gut. Fritz ließ Monika reden, ganz cool, professionell. Er zuckte die Achseln, als sie erschöpft forderte: »Jetzt sag doch du auch einmal was!« Er fand, dass sie übertreibe und dramatisiere. Er habe sie auch nicht geschlagen, sondern nur seiner doch wohl gänzlich berechtigten Bitte Nachdruck verliehen, ihn endlich in Ruhe zu lassen, er brauche eben

seinen Schlaf. Man könne, sobald er ausgeschlafen sei, alles von ihm haben, er sei der gutmütigste Mensch, aber das Grundrecht auf seine ungestörte Nachtruhe, das lasse er sich nicht nehmen, das dürfe niemand von ihm verlangen. Während er das sagte, warf er einen Seitenblick auf den Analytiker, als wolle er prüfen, ob Folter durch Schlafentzug zu dessen Empfehlungsrepertoire gehörte.

»Ich rege mich eben auf, wenn wir einen Konflikt haben und du dich nicht damit auseinandersetzen willst. Mir liegt etwas am Kontakt mit dir, an einer guten Beziehung, aber dir ist alles egal, wenn du nur deinen Kopf durchsetzen kannst und kriegst, was du willst!«

»Findest du es etwa altruistisch, mir meinen Schlaf zu rauben, um etwas zu diskutieren, was wir genauso gut am nächsten Tag besprechen könnten? Auf den Liebesbeweis kann ich gut und gerne verzichten, dass du um ein Uhr morgens vor meinem Bett stehst und mich anschreist!«

»Das ist doch nur ein einziges Mal passiert und ich habe mich nachher entschuldigt!«

Monika ist überzeugt, dass Fritz nicht einfach nur *schlafen* will, um wieder fit zu sein – er will ihr *beweisen*, dass *sein* Bedürfnis wichtiger ist als ihres, dass *er* Macht hat und *sie* nichts zu melden. Fritz ist überzeugt, dass es Monika darum geht, ihre Position durchzusetzen, ihn zu stören, in ihn einzudringen, ihn zu erniedrigen, ihm ein Schuldbekenntnis oder eine Versöhnung abzuzwingen, die er als Niederlage, als Zu-Kreuze-Kriechen erlebt. Ganz ähnlich würde aber auch Monika ihren Rückzug erleben. Dann hätte Fritz gewonnen, hätte sein Bedürfnis auf ihre Kosten durchgesetzt.

Die spezifisch deutsche Position an diesem Konflikt scheint mir die große Bedeutung von *Kränkbarkeit* und *Opfer* zu sein. Es gibt keinen Konsens darüber, einander zu schonen. Entsprechende Bedürfnisse werden in durchaus militaristischer Tradition als »innerer

Schweinehund« identifiziert und bekämpft, obwohl beide Partner Militarismus ablehnen und politisch links stehen.

Die Lebensgeschichten von Monika und Fritz zeigen die Wurzeln dieses in ihrem bewussten Erleben längst als anachronistisch bewerteten Bildes einer autoritären Haltung, in der Disziplin zum Prinzip wird. Monika ist die Tochter eines Polizisten, der das Interesse an seinem Beruf ebenso verloren hatte wie das an seiner Familie; er lebte für einen Sportverein, dessen Jugendmannschaft er trainierte. Monikas Mutter beklagte sich über sein Desinteresse an ihr und an den Kindern, was den Vater erst recht aus dem Haus trieb. Der Vater versuchte auf hilflose Art, den Kontakt zu seiner Tochter zu erhalten. Sie fand einmal durch Zufall heraus, dass er heimlich Urinproben von ihr sammelte, die er dann untersuchen ließ – aus Sorge, sie habe mit Drogen zu tun und sei aus diesem Grund so zurückgezogen.

Monika hatte sich schon früh entschlossen, sich nicht auf ihre klagende Mutter zu verlassen, die den Vater schlechtredete, aber zu ängstlich war, sich von ihm zu trennen. An dem Vater fand sie etwas mehr Halt, doch verinnerlichte sie in ihren emotionalen Strukturen viel von seiner Entwertung kindlicher Bedürfnisse, seiner Identität als Trainer, der seiner Mannschaft alles abfordert.

Wegen seines »Verrats« in der Pubertät (er besprach die Ergebnisse seiner Recherchen mit der Mutter, die ihn dann bei Monika verriet) distanzierte sich Monika auch von dem Vater. Sie verachtete beide Eltern. Die Distanz war teuer erkauft. Sie raubte ihr jede Gelassenheit, jeden Humor, wenn es darum ging, um das hohe Ideal einer guten Beziehung zu kämpfen. »Ich kenne mich dann selbst nicht mehr«, sagt Monika. Sie hat Pflegewissenschaften studiert und arbeitet in einem Krankenhaus.

Fritz kommt aus einer Scheidungsfamilie. Er hat eine ältere Schwester; sein Vater, ein erfolgreicher Anwalt, hatte nach der Geburt des zweiten Kindes seine Frau verlassen und eine Kollegin geheiratet. Fritz' Mutter arbeitete als Sekretärin, als sie den Vater, damals ein mittelloser Student, kennenlernte. Sie unterstützte ihn während seines Studiums und plante ihr erstes Kind, sobald er das Referendariat abgeschlossen hatte. Fritz kann sich an keinen Tag erinnern, an dem die Eltern nicht gestritten hätten. Nach der Scheidung begann die Mutter zu trinken. Sie hatte wechselnde Männerbekanntschaften, lebte aber nie wieder mit einem Mann zusammen – der Kinder wegen, wie sie behauptete.

Fritz beschreibt seine Mutter als gebrochene Frau, die man nicht ernst nehmen dürfe. Der Vater habe sie kaputtgemacht. Aber sie habe sich auch kaputtmachen lassen. Das Erste, was er gelernt habe, um in seiner Familie zu überleben, sei gewesen, nicht nur die Augen, sondern auch die Ohren zu verschließen. Es sei sinnlos, sich Gejammer über ein verpfuschtes Leben oder enttäuschte Liebe anzuhören.

Als er volljährig war, gewann Fritz einen Prozess gegen seinen Vater wegen Unterhaltszahlungen. Er hatte sich schon als Schüler für Rechtswissenschaft interessiert, schwankte lange zwischen Jura und Mathematik als Studienfach. Er studierte dann Mathematik, promovierte über ein Thema aus der Wirtschaftsstatistik und arbeitet als Unternehmensberater in einer internationalen Firma.

In der Paaranalyse wird deutlich, dass hinter den Klagen beider, wie sehr sie von ihrem Gegenüber enttäuscht seien, eine sehr viel tiefer reichende Kränkung und Verunsicherung steckt. Monika und Fritz sind beide schockiert, ja verzweifelt darüber, dass sie miteinander nicht so selbstsicher und reif umgehen, wie es ihnen in allen »unwichtigen« Beziehungen außerhalb ihrer Partnerschaft gelingt. Es fällt schwer, einem Partner Unreife zu verzeihen, wenn sie eng mit der eigenen Unreife zusammenhängt.

Für beide ist das Gelingen der Beziehung zu einer Aufgabe geworden, in die sie sich regelrecht verbeißen. Je fordernder Monika wird, desto mehr zieht Fritz sich zurück, je mehr Fritz sich zurückzieht, desto fordernder wird Monika. Sie bräuchte Fritz unbedingt, um sich ihre Wut und Gier verzeihen zu können, die durch seine Verweigerung entstanden sind.

Seine Verschlossenheit, sein Bedürfnis, die Decke über den Kopf zu ziehen und an gar nichts mehr zu denken, sieht Monika nicht als Signale eines überlasteten, überforderten Kindes, das sich vor dem Streit der Eltern versteckt. Sie erkennt darin nur den Vorwurf, sie sei unreif, wertlos und unfähig, eine Beziehung zu führen. Um diese Anklagepunkte loszuwerden, richtet sie sie gegen ihren Partner.

Beide fühlen sich allein in einer Welt voller Feinde und sehnen sich doch nach nichts mehr als nach der *richtigen Liebe.* Fritz bekennt, er verstehe nicht, warum er so unsouverän sei, er sei unendlich wütend auf sich selbst und auf Monika. Er habe so wenig Zeit für ein Privatleben, er wünsche sich dann *schöne Stunden* in einer echten Liebesbeziehung, wie sie ja manchmal, in Urlauben, auch mit Monika gelinge, aber doch nicht immer wieder diesen sinnlosen Streit. Er sei völlig verzweifelt, dass er das nicht zustande bringe. Er ertrage Monika nicht, wenn sie so vorwurfsvoll sei, aber er könne doch nicht die ganze Mühe für vergeblich erklären und einfach aus der Beziehung aussteigen!

Fritz ist auf sich selbst, aber auch auf Monika wütend, weil er seine kostbare Zeit für etwas opfern soll, das ihn nur schwächt. Zwar findet er auch die Reaktionen seiner Auftraggeber oft ganz furchtbar, aber er tröstet sich dann damit, dass er jeden Tag zweitausend Euro verdient. Und was hat er von Monika?

Monika ist auf sich selbst und auf Fritz wütend, weil er ihr nicht hilft, den Gedanken abzuschütteln, sie sei keine gute Frau. Wenn er sie kritisiert, gibt er sie einer Wertlosigkeit preis, die damit zusammenhängt, dass Monika ihre Mutter wegen ihrer Schwäche und ihres Jammerns zutiefst verachtet hat und auf gar keinen Fall in die Nähe dieses Mutterbildes kommen darf. Daher kann sie sich auch nicht auf einen Vorschlag einlassen, den Streit einfach zu vergessen, bei dem schönen Wetter ein Segelboot zu mieten und hinauszufahren oder essen zu gehen. Ehe sie etwas schön finden darf, muss zunächst der Konflikt geklärt sein, ob Fritz sie vor dem negativen Bild schützen kann, auch nicht besser zu sein als ihre Mutter, oder ob er sie gerade auf dieses Bild festlegen möchte.

Solange Fritz seine »schönen Stunden« nicht bekommt, fühlt er sich von Monika entwertet; solange Monika von Fritz nicht ihre »gute Beziehung« bekommt, fühlt sie sich von ihm an den Pranger gestellt. Die Bereitschaft, der eigenen Rechthaberei Lebensqualität zu opfern, zwingt beide immer wieder zurück an ihre ganz private Front, in einen *furor amoris*, der dem *furor teutonicus* durchaus gleicht. Der Teufelskreis von (über)kompensierter Minderwertigkeit, rechthaberischer Selbstüberschätzung, Weltverbesserungsfantasie, Zusammenbruch und »rettender« Größenfantasie spiegelt sich im Mikrokosmos ihrer Partnerschaft.

Der von Margarete und Alexander Mitscherlich beschriebene Mangel an Trauer in der Zeit nach 1945 hat nicht nur Wurzeln, die in die Zeit vor dem Ersten Weltkrieg zurückreichen. Er prägt auch bis heute viel von dem, was sich als Kampf um Liebe beschreiben lässt.

Fantasien von der Reinheit der eigenen Liebe, die gerade für das in unbewussten Bereichen geschwächte (und überkompensierte) Selbstgefühl der Deutschen charakteristisch sind, erzwingen die Projektion unreiner, egoistischer Anteile auf den Partner. Er wird dann für etwas verfolgt und bestraft, das im eigenen Inneren auf gar keinen Fall entdeckt werden darf. Viele der Literaturkritiker des 19. und 20. Jahrhunderts haben es Heinrich Heine zutiefst verübelt, dass er diese Fantasie von der Reinheit der Liebe infrage stellte.

Die hartnäckige Bindung, welche viele Partner der Streitehen erleben – »Wir können nicht miteinander und nicht ohne einander« –, hängt einmal damit zusammen, dass die chronische gegenseitige Entwertung das Selbstgefühl schwächt. Daher ist die Aufnahme von Beziehungen außerhalb der destruktiv entgleisten Symbiose erschwert. In den Streitehen gilt das Prinzip, dass ein bekanntes Übel besser (angstmindernder) sei als ein unbekanntes Gut. Die Betroffenen fürchten in einer neuen Liebe nur neue Übel, die noch schlimmer sind als die bekannten. Solange gekämpft wird, ist keiner allein und ausschließlich für sich selbst verantwortlich. Bei einer neuen Liebe wäre aber gerade das der Fall.

Ein zweiter Gesichtspunkt ist die Befriedigung von sadistischen Dominanzimpulsen ebenso wie von masochistischen Unterwerfungswünschen. Die Mitscherlichs sagen dazu:

> *»Die Faszination, die von Hitler, von seinen Forderungen, die er an die Nation stellte, ausging, hatte nicht nur mit Sadismus, sondern auch viel mit Masochismus, mit Unterwerfungslust zu tun, hinter der die viel bewußtseinsfernere Neigung zur Autoritätsschändung stand (man denke an Luthers Tonart, wenn er des Papstes gedachte). Da das Gehorsamsideal sehr bindend war, beschwor das Löcken wider den Stachel in Gedanken unerträgliche Schuldängste, die mit überschießender Unterwürfigkeit abgegolten wurden. Welches Volk wäre sonst bereit, die sich langsam als wahnhaft offenbarenden Ziele seiner Führung mit solcher Geduld, solcher Ausdauer auch in die Selbstzerstörung zu verfolgen?«*[14]

So entsteht auch die Humorlosigkeit solcher Liebeskämpfe. Es gibt keine Möglichkeiten, Schwächen mitzuteilen und anzunehmen.

---

[14] Mitscherlich, *Die Unfähigkeit zu trauern*, S. 32.

Keiner der Kontrahenten kann sich selbst die Mangelhaftigkeit seiner Liebe und seiner Person eingestehen und darauf beharren, dass dieser Mangel verzeihlich ist. Er müsste doch gar nicht zwangsläufig dazu führen, sich gegenseitig das Leben zu erschweren und einander Befriedigungen zu verweigern, die sich der Trostlosigkeit eines ausschließlich vom Tugendstreben erfüllten Alltags widersetzen!

3. Was werden die Nachbarn sagen?

In den Analysen mit Kindern und Enkeln der vielen Millionen Deutschen, die ein Flüchtlingsschicksal verarbeiten mussten, taucht dieser Spruch fast regelmäßig auf. Die Kinder empfanden ihn als demütigend. Sie hätten sich Eltern gewünscht, die eigene Werte vertreten, eine eigene Meinung äußern, eine konsistente Vorstellung von Gerechtigkeit haben und nicht ihr persönliches Urteil hinter den Gefahren einer fiktiven Nachbarschaft verbergen.

»Was werden die Nachbarn sagen?«, hört sich zunächst so an, als sei da ein Elternteil sozial gut eingebunden. Die Analyse erweist aber, dass dem *nicht* so ist. Es geht keineswegs darum, Kinder mit solchen Hinweisen zu reglementieren, weil die Eltern in einer guten Beziehung zu ihren Nachbarn leben. Vielmehr sind die Nachbarn *gefährlich.* Die Eltern fühlen sich nicht sicher, nicht aufgenommen, sie fühlen sich geduldet. Sie könnten jederzeit wieder vertrieben werden, wenn sie Raum beanspruchen und sich zur Geltung bringen. Kinder müssen lernen, wie man sich verbirgt und nicht auffällt.

Nicht normale Anpassung, sondern defensive Überanpassung prägt das Lebensgefühl in jenen Familien, die ihren sicheren Ort verloren haben. Allen Formen seelischer Traumatisierung gemeinsam ist so etwas wie ein *Heimatverlust,* und sei es auch »nur« in Form der Vertreibung aus dem Sich-Wohlfühlen im eigenen Körper.

Heimat ist ein altes Wort für eine Umwelt, die Sicherheit vermittelt. Ein Umzug ist nach dem Verlust eines nahestehenden

Menschen der mächtigste (und am meisten unterschätzte) auslösende Einfluss in dem Motivzusammenhang der Depression. Autistische Kinder, die andere Menschen nicht als Symbole von Geborgenheit erleben können, reagieren schon bei kleinsten Veränderungen in ihrer Umgebung mit heftiger Angst.

Während gesunde, in ihrer Kindheit unbelastete Personen Heimatverluste bewältigen können, ist dies bei vorbelasteten Personen anders. Traumatisierte Menschen sind sehr häufig in ihrer Fähigkeit eingeschränkt, sich auf neue Situationen einzustellen, neue Reize zu verarbeiten.

Aus seiner vertrauten Umgebung zieht ein Mensch Sicherheit, die ihm so selbstverständlich werden kann wie die Atemluft. Die menschlichen Möglichkeiten, Heimatverluste zu verarbeiten, sind begrenzt und werden durch die Mobilität der modernen Gesellschaft oft bis an ihre Grenzen und darüber hinaus gefordert, auch wenn es keinen Krieg und keine gewaltsame Aussiedlung gibt.

Unfreiwillige Nähe aufgrund der Zwangsverteilung des knappen Wohnraums war im Nachkriegsdeutschland »normal«. Die durch sie ausgelöste Dynamik von Aggression, Angst und Vermeidung wurde erheblich verstärkt, weil das verletzte deutsche Selbstgefühl die Menschen nach destruktiven, pharisäischen und kannibalischen Manövern[15] greifen ließ. Der Hass traf auch die, auf

---

[15] Das pharisäische Manöver ist aus der Bibel bekannt: die Aufwertung des Eigenen durch die Entwertung des Fremden. Das kannibalische ist charakteristisch für narzisstisch belastete Beziehungen: Die Betroffenen entwerten jene Personen, von denen sie sich gleichzeitig Anerkennung wünschen, z.B. als Kinder die Eltern, als Mitarbeiter die Vorgesetzten, als Partner ihr Gegenüber. Da dieses Verhalten die Angegriffenen gegen den Angreifer aufbringt, verzehren sich die so verstrickten Partner in einem nicht enden wollenden Streit, der ihr Selbstgefühl so schwächt, dass sie sich zu keiner Beziehung außerhalb des Kreises ihrer Entwertungen in der Lage fühlen. Edward Albee hat das in seinem Theaterstück *Wer hat Angst vor Virginia Woolf* brillant in Szene gesetzt.

deren Hilfe man angewiesen war und deren Nähe man nicht vermeiden konnte.

In den Projektionen des Bösen wiederholte sich die rassistische Dynamik des NS-Regimes. Für die Vertriebenen waren die Deutschen, die ihre Heimat nicht verloren hatten, egoistische Parasiten, die nichts abgeben wollten; für die Eingesessenen waren die Flüchtlinge bösartige Vampire, die nur daran dachten, sie auszusaugen.

Städtische Flüchtlinge erhoben sich über die Primitivität der Landbevölkerung, die sie beherbergen sollte; Bauern schimpften über das hergelaufene Gesindel aus der Stadt. Damit die Flüchtlinge weiterzogen, wurden Öfen demoliert, Wasserleitungen herausgerissen, Ziegel abgedeckt, Wohnungen unbrauchbar gemacht.

Wie lange diese Dynamik virulent blieb, zeigt ein Witz, den ich 1952 von einem Klassenkameraden hörte. Max soll in der Schule einen sinnvollen Satz bilden, in dem möglichst viele Wörter mit der Endung *-ling* vorkommen. Ergebnis: *Flüchtlinge* und *Engerlinge* sind *Schädlinge*.

Der Schädling war auch ein in der NS-Zeit viel gebrauchter Begriff. Jetzt richtete er sich gegen vermeintliche Täter, die Opfer geworden waren. In Bayern hatten die Sudentendeutschen den Ruf, »allesamt Nazis« gewesen zu sein. Also waren sie nicht nur schuld an der eigenen Misere, sondern auch an dem verlorenen Krieg und damit an der Misere der anderen.

In diesem paranoiden Klima waren die Kinder Opfer und Helfer zugleich. Auf der einen Seite wurden sie reglementiert und erlebten ihre Eltern als schwach, verängstigt, überangepasst und voller Forderungen, die prekäre Sicherheit nicht zu gefährden. Manche Kinder wurden auch grausam bestraft, dienten als Sündenböcke für die Kränkungen der Eltern, und der elterliche Sadismus wurde ihnen gegenüber als Vorbereitung auf die Gefahren des Lebens angepriesen.

In den Analysen der Kriegskinder[16] werden Eltern beschrieben, die ein Lieblingsspielzeug zerbrechen, dem Kind einen bis zum Ende der Mahlzeit aufgesparten Leckerbissen wegnehmen und ihn selbst essen (»So ist das Leben, das kannst du nicht früh genug lernen!«).

Auf der anderen Seite knüpften die Kinder für die in ihrer Lebenszuversicht gebrochenen Eltern Kontakte und förderten die Integration Vertriebener in der gleichen Weise, wie später die Kinder der Arbeitsmigranten zu Dolmetschern und Sozialarbeitern für ihre Familien wurden. Sie waren offen für die neue Umgebung und weniger gefährdet als die Erwachsenen, aktuelle Chancen ausschließlich durch die Brille vergangener Verluste zu sehen.

Liebesbeziehungen zwischen Flüchtlingen und Einheimischen entstanden, Kinder wurden gezeugt und in Spannungen hineingeboren, von denen sie nichts wussten, die aber ihr Schicksal und ihre Beziehungen prägten.

Die 50-jährige Marion L. klagt über einen Waschzwang, Depressionen und Selbstmordgedanken.[17] Sie ist die Tochter einer Vertriebenen aus dem Sudetenland, die nach der Vertreibung auf einem Einödhof einquartiert worden war. Der Bruder des Hoferben, selbst in einer unterdrückten Position, weil auf dem Hof wie ein Knecht beschäftigt, verliebt sich in die junge Frau. Sie wird schwanger, aber der bayerische Bauernsohn darf nach dem Gebot seiner Eltern auf gar keinen Fall die »Rucksacktschechin« heiraten. Nach der Geburt gibt sie ihr Kind, ein Mädchen, zu Pflegeeltern. »Warte, bis sie 15 Jahre alt ist, dann kannst

---

16 Siehe Schmidbauer, *»Ich wußte nie, was mit Vater ist«*, a. a. O.

17 Zu dieser Fallgeschichte vgl. auch Schmidbauer, *»Er hat nie darüber geredet«*, S. 36.

du sie zurückholen, und sie kann als Magd arbeiten«, sagt die Bäuerin zu ihrem Sohn.
Das Kind schreit Tag und Nacht, die Pflegeeltern verlieren die Geduld und bringen Marion zurück. In zäher Überzeugungsarbeit setzt die Mutter nach drei Jahren die Heirat durch. Sie muss allen beweisen, dass sie keine Schlampe ist. Die kleine Marion sieht immer aus wie aus dem Ei gepellt, sie darf sich nie schmutzig machen, den Hofhund nicht streicheln, nicht in den Stall gehen.
Als 20-Jährige verliebt Marion sich in einen Italiener. Sie bleibt bei ihm, obwohl er sie schlecht behandelt und immer wieder schlägt. Aber Marion hat kein Vertrauen in ihre Eltern. Sie kann ihnen davon nicht erzählen. Alles würde nur noch schlimmer werden. Wie ihre Mutter seinerzeit mit ihr, wird auch Marion im ungünstigsten Moment schwanger. Aber sie will es anders machen als ihre Mutter. Sie entschließt sich zu einer Schwangerschaftsunterbrechung, die nicht in Deutschland oder Italien, wohl aber in Jugoslawien möglich ist. Nach diesem erniedrigendem Erlebnis, durch das sie sich beschmutzt und entwertet fühlt, kann sie sich von dem Liebhaber lösen.
Mit der Abtreibung und der Trennung von dem italienischen Freund ist auch Marions spontane Erotik verloren gegangen. Während ihrer Verliebtheit hat sie sich nicht gefragt, ob sie jetzt eigene sexuelle Wünsche hat oder auf die Bedürfnisse ihres Geliebten reagiert. In den auf die Abtreibung und die kränkende Trennung folgenden Männerbekanntschaften wird sie das Empfinden nicht los, ausgenutzt zu werden. Sie ist sehr misstrauisch, trennt sich immer wieder schnell aufgrund von Unstimmigkeiten, die ihr den Egoismus des Partners zu beweisen scheinen, und konzentriert sich auf ihren Beruf.
Schließlich heiratet Marion einen Mann, mit dem sie sich sicher fühlt. Er überlässt die sexuelle Aktivität ihr, ist zuverlässig, still, immer freundlich. Er will keine Kinder. Sie wollen gemeinsam reisen, das Leben ge-

nießen. Die folgenden zwei Jahre empfindet Marion als die schönsten ihres Lebens, nur stört es sie, dass sie getrennt wohnen.

Als ihr Mann schließlich ihren Wunsch erfüllen und mit ihr in eine größere Wohnung ziehen will, fürchtet sich Marion, ohne genau zu wissen, warum. Sie vermutet, dass es damit zusammenhängt, dass diese Wohnung im selben Stadtviertel liegt wie die des Italieners, mit dem sie ihr erstes, leidenschaftliches Verhältnis hatte, das mit der Abtreibung endete. Kaum hat das Paar den Umzug hinter sich, bricht bei Marion ein Waschzwang aus, der fast ihre gesamte Freizeit ausfüllt. Sie muss jeden Tag mehrmals die Unterwäsche wechseln, ihr Mann muss vor der Wohnung die Schuhe ausziehen, sie selbst reinigt sich bis zu zweihundert Mal am Tag Hände, Unterarme, Genitalien. Sexualität wird unmöglich.

Der Waschzwang begann, als Marion sich endlich hätte entspannen können. Sie lebte mit einem Mann zusammen, der ihr sicher war. Aber Marion kann ihre Sexualität so wenig offen ausleben, wie es ihre Mutter auf dem bayerischen Hof durfte, der die Vertriebene als Hungerleiderin und Hure abwertete. Sie darf den Kinderwunsch, der in dieser Situation so naheliegt, nicht zu Ende denken, denn die Wünsche nach sexueller Intensität und nach Schwangerschaft sind mit dem verdrängten Trauma der Abtreibung verknüpft; mit diesen Verletzungen sind vermutlich noch andere verknüpft, welche die frühen Trennungserlebnisse des vorehelich geborenen Mädchens ebenso betreffen wie die ständige Angst der Mutter, erneut vertrieben zu werden.

Angesichts der verführerischen Möglichkeit, vielleicht zum ersten Mal in ihrem Leben ein Stück erotischer Geborgenheit und »Heimat« zu genießen, macht das Kind der vertriebenen Mutter ihren Haushalt zum Fegefeuer bar jeder unbeschwerten Möglichkeit, sich gehen zu lassen, Lust zu nehmen und zu geben. Der einst zwischen väterlicher und mütterlicher Familie tobende Kampf, wer das saubere, richtige, ordentliche Leben verkörpere und wer für Schmutz, Armut und Chaos stehe, entspinnt sich nun zwischen den Eheleuten und in der zwangskranken Marion selbst.

In diesem Kampf wiederholt sich die Rivalität zwischen den Flüchtlingen, die den Stallgeruch der Bauern verabscheuen, und der eingesessenen Landwirtsfamilie, die alles Fremde verabscheut. Und während das Trauma der Vertreibung in der Mutter die kindliche Sicherheit und das Heimatgefühl zerstört hat, die sie einst besaß, wird die Tochter den Frieden der gemeinsamen Wohnung zerstören, sobald sie ihn endlich gewonnen hat. Die eigenen traumatischen Erfahrungen während des Heranreifens zur Weiblichkeit[18] tragen dazu ebenso bei wie die verinnerlichten Bilder ihrer kindlichen Umgebung.

Die Mutter hatte durch extreme Sauberkeit den äußeren Vorwurf der sexuellen Triebhaftigkeit und der berechnend eingegangenen Schwangerschaft (»Die Flüchtlingshure hat meinem Sohn ein Kind angehängt«) bekämpft. Die Tochter wehrte sich mit demselben Mittel gegen die innere Verführung, sich zu Hause zu fühlen, sich anzulehnen, die Abhängigkeit der Mutterschaft zu riskieren.

Die Formel »Was werden die Nachbarn sagen?« steht für ein seelisches Dilemma, das die emotionale Situation in den deutschen Familien nach 1945 prägt: Harmonie ist oberstes Gebot. Zwischen einer von authentischen Gefühlen getragenen Harmonie und einer durch Aggressionsvermeidung und Trennungsverleugnung erzwungenen Harmonie wird nicht unterschieden. Der Ehemann aus der Einleitung, der seine getrennt lebende Frau mit einem Bibelvers

---

18 Die Auslösung einer Zwangssymptomatik durch eine unter traumatischen Umständen (unsteril, ohne ausreichende Narkose) vorgenommene Abtreibung lässt sich öfter beobachten.

verfolgt, beleuchtet diese Haltung. In Marions Geschichte ist die Dynamik stärker verschlüsselt.

Die Analyse ergibt eine andauernde Faszination Marions durch den ersten Liebhaber, die sie mit verschiedenen Mitteln abwehrt. Er kam aus einem anderen Land, er war viel freier in seinen emotionalen Äußerungen und ermöglichte auf diesem Weg auch Marion ein weder vorher noch nachher fassbares Maß an Freiheit und erotischer Intensität.

Indem Marion ihre vitale Verbindung mit diesem Mann aus Angst vor dem negativen Urteil der Umwelt zerstörte, verlor sie auch den Zugang zu ihren erotischen Wünschen. Diese wurden als bedrohlicher Einfluss von außen erlebt – die Männer wollten etwas von ihr, das nur diesen Männern nützte und mit ihr nichts zu tun hatte, daher waren diese Männer wertlose Egoisten.

Erst als sie an einen sehr sexualängstlichen und in diesem Punkt ganz zurückgenommenen Partner geriet, konnte Marion sich wieder eine Beziehung vorstellen. Dass ihr späterer Ehemann keine Kinder wollte, entlastete sie in ihrem bewussten Erleben, verstärkte aber auch ihre Selbstzweifel und ihre Kränkung, dass sie nie in ein normales Leben finden würde. Marions unbewusste Dynamik steht für den angespannten Versuch, die traumatischen Einbußen an Selbstgefühl ungeschehen zu machen, der an ebendieser perfektionistischen Spannung scheitert.

Die Traumatisierung führt zu dem Bestreben, einen vollkommen guten, sicheren Ort zu finden, der dann die real möglichen, aus positiven und negativen Qualitäten gemischten Orte entwertet. Das Streben nach totaler Harmonie in den Liebesbeziehungen in Nachkriegsdeutschland spiegelt den totalen Krieg der NS-Propaganda nicht nur wider, es mündet auch in diesen. Wo die Harmonie nicht gelingt, wird grausam-nachdrücklich nach dem für ein solches Versagen Schuldigen gesucht. Der symbiotische

Optimismus, in dem die Paare begonnen haben, kippt in Streitehen. Aus Erlösern werden Verfolger; Überschätzungen, die sich niemand wünschte und von denen keiner wusste, führen zu gnadenlosen Abrechnungen und Entwertungen.

Bei Marion verändert die extreme Aggressionshemmung ihres Partners das Bild. Es gibt für das Paar keine Möglichkeiten, die durch den Umzug in die gemeinsame Wohnung aufkommenden sexuellen und aggressiven Spannungen offen zu verarbeiten. Marion übernimmt die Rolle der Kranken. Ihr Säuberungsaktionismus zeigt das Ausmaß ihrer Ängste vor ihren Wünschen nach Nähe, Verschmelzung und unbekümmertem Sich-Gehenlassen. In einer Umwelt, die sie freundlich aufnehmen würde, setzt sie nun selbst die inzwischen verinnerlichte Feindseligkeit gegen gefährliche Eindringlinge in Szene. Sie wiederholt das Verhalten ihrer extremen Ängsten ausgesetzten Mutter, die mit ihrem Sauberkeitszwang unter widrigsten Umständen ihr Selbstgefühl verteidigte.

In der Literatur wird manchmal von »transgenerationaler Traumatisierung« oder »transgenerationaler Weitergabe« eines Traumas gesprochen.[19] Die Traumafolgen in den Familien lassen sich aber auch ohne dieses Modell verstehen, das ähnlich mystische Qualitäten hat wie Freuds Neigung zum Lamarckismus, das heißt zur Vererbung erworbener Eigenschaften, einer aus wissenschaftlicher Sicht nicht haltbaren These.[20] Die Weitergabe von Traumatisierungen an die folgende Generation erfolgt nicht durch identifikatorische Übernahme traumatischer Szenen, wie Greenacre vermutet hat (allerdings beschränkt auf in diesem Punkt besonders sensible

---

[19] Phyllis Greenacre: *Trauma, Growth and Personality*, London 1987; Mathias Hirsch: *Psychoanalytische Traumatologie. Das Trauma in der Familie*, Stuttgart 2004.

[20] Vgl. Wolfgang Schmidbauer: *Vom Es zum Ich. Psychoanalyse und Evolutionstheorie*, Berlin 2007.

Entwicklungsphasen des Kindes). Sie hängt damit zusammen, dass durch die Traumafolgen die Empathie der Eltern eingeschränkt ist und diese, um durch das Verhalten ihrer Kinder nicht verunsichert zu werden, Druck ausüben.

Jedes psychische Trauma erschwert es den Betroffenen, Abstand von primitiven, schnellen Affektreaktionen, wie Kampf, Flucht oder Sich-tot-Stellen, zu gewinnen. Daher gelingt es traumatisierten Eltern nicht, diese Affekte bei ihren Kindern anzunehmen und zu ertragen. Statt die Kinder in der Regulation ihrer Ängste zu unterstützen, zwingen die Eltern ihre Kinder, ihre Angst zu unterdrücken. So trifft die innere Einschränkung der Eltern die nächste Generation.

Die Folgen solcher Prozesse werden noch einmal umgestaltet, sobald Heranwachsende fähig werden, das Verhalten der Eltern zu reflektieren und ihre eigene Fantasietätigkeit mit Fantasien über das Schicksal der Eltern zu verknüpfen. Auf diesem Wege können die Kinder nationalsozialistischer Täter in ihren Träumen die Verbrechen ihrer Eltern durchleben, in der Opfer- wie in der Täter-Rolle.[21]

Die Adoleszenten reagieren dann ein zweites Mal auf die Persönlichkeiten der Eltern und beziehen deren Traumatisierungen in ihren eigenen Verarbeitungsprozess mit ein. Dies geschieht häufig in der Form einer Gegenidentifizierung (»Ich will nie und nimmer eine solche Ehe führen wie meine Eltern«).

---

[21] Ein solcher Traum wird untersucht in: Schmidbauer, *»Er hat nie darüber geredet!«*, S. 155f.

4. Die Suche nach der guten Mutter

»Diese deutschen Männer suchen alle eine Mutter!« Dieser Satz fällt in der Analyse Marcellas, einer 38-jährigen Italienerin, die nach einer schmerzlichen Trennung Hilfe sucht. Dieses Ereignis hat Marcella nachhaltig gekränkt und in ihr Ängste geweckt, die sie in dieser Form vorher nicht kannte. Sie ist sich ihrer Attraktivität nicht mehr sicher. Sie sucht nach neuen Beziehungen, sie geht aus und lernt Männer kennen, aber sie ist nach wie vor auf ihren Ehemann und dessen Untreue fixiert.

Vielleicht liegt es an diesem durch Angst geschärften Blick, dass Marcella ihr Migrationsschicksal neu entdeckt. Sie bewegt sich als erfolgreiche Managerin in den Kreisen 30- bis 40-jähriger Singles. Sie kümmert sich gemeinsam mit ihrem Ex-Mann um einen Sohn. Der Vater ihres Kindes hat Marcella lange Zeit nach ihrer Trennung angefleht, seiner Mutter nichts zu verraten. Der inzwischen Zehnjährige soll auch nichts davon wissen, dass sein Vater längst eine Geliebte hat, der Papa sei ausgezogen, damit sich die Eltern weniger streiten.

Marcellas pointierte Aussage wurzelt in ihren Urteilen über ihren Ehemann, der ihr immer wieder vorgeworfen hat, ihre Ehe sei daran gescheitert, dass sie zu dominant und sexuell zu fordernd sei. Er forderte von Marcella, ihn jedes Wochenende zu seiner Mutter zu begleiten. Sie tat das eine ganze Weile, bis sie der stillen Verachtung durch die Schwiegermutter müde war und nicht mehr mitkam.

Anfangs suchte Marcella die Schuld an dem Scheitern ihrer Versuche, in eine neue erotische Beziehung zu finden, ausschließlich bei sich. Sie fand ihr Lachen zu laut, ihren Humor zu aufdringlich; vielleicht sei sie einfach zu alt oder zu dominant, müsse sich zehn Jahre jünger machen und den Männern erzählen, sie sei Verkäuferin.

In der Analyse verstand Marcella, wie sich die Beziehung zu ihrem Ehemann nach der Geburt des Sohnes verändert hatte. Sie war Mutter geworden. Ihr nach wie vor an seine Mutter gebundener Partner konnte nach diesem Ereignis die Bilder der sexuell attraktiven und der verehrungswürdigen Frau nicht mehr unterscheiden. Er fand Marcella als Geliebte nicht wieder. Ihre erotische Präsenz wurde von den Bildern der Mutter und den mit diesen Bildern verknüpften Gefühlen überdeckt. Er konnte sie nicht mehr begehren. Wenn seine Partnerin ihre Unzufriedenheit äußerte, erlebte er sie als übermächtig. Seine Potenzängste und mit ihnen seine Vermeidungsstrategie behinderten ihn mehr und mehr.

»*Ich* hätte mir einen Liebhaber suchen müssen«, sagte Marcella, als wir diese Dynamik untersucht hatten. »Aber ich habe gedacht, ich muss das ertragen, und wahrscheinlich habe ich es ihm auch deshalb so übel genommen, dass *er* mit dieser Verkäuferin was angefangen hat!«

Ihre gedrückte Stimmung besserte sich, als sie in eine Clique von Engländern geriet, die in internationalen Konzernen arbeiteten und sich für gemeinsame Freizeitgestaltung zusammengefunden hatten. Sie flirtete mit diesen Männern und fand schließlich unter ihnen einen Partner, mit dem sie sich wieder eine gemeinsame Zukunft vorstellen konnte.

»Er hat sich auf eine ganz natürliche Weise für meinen Sohn interessiert und hat mit ihm geredet und gespielt. Meine deutschen Freunde haben das nie gemacht. Sie redeten zwar davon, dass sie irgendwann auch Fabian kennenlernen müssten, aber sie haben sich dann doch davor gedrückt. Oder sie wollten ihn gleich erziehen. Jack hat viel Humor und war anfangs eher zurückhaltend, aber als wir dann zusammenkamen, war er – wie soll ich sagen, er war nicht so weich wie die deutschen Männer. Er wusste, was er wollte, das hat mir richtig gutgetan, dass ich mich nicht um seine Unsicherheit kümmern musste.«

Marcellas Bemerkung über »die deutschen Männer« hat die Vorzüge und Nachteile einer »tiefen« Beobachtung. Die Sozialwissenschaften finden selten Gelegenheit, solche Beobachtungen ernst zu nehmen und auszuwerten. Vielfach gefallen sich gerade Wissenschaftler darin, die Möglichkeit rundweg abzulehnen, dass auf diesem Weg überhaupt Erkenntnisse gewonnen werden können. Der Psychoanalytiker hat damit weniger Probleme; er sieht die statistische Forschung mit ihren Befragungen und Signifikanzrechnungen ebenso kritisch wie die erlebnisorientierte Untersuchung einzelner Schicksale und eine aus ihr abgeleitete Aussage über qualitative Unterschiede.

Im Zusammenhang mit Marcellas Aussage bleibt zu fragen, ob es paaranalytische Beobachtungen gibt, welche ihren Eindruck bestätigen. Wenn wir die spezifischen Traumatisierungen der deutschen Familien durch den Nationalsozialismus in unsere Überlegungen einbeziehen, kommen wir zu dem Ergebnis, dass nicht nur die deutschen Männer, sondern – von Marcella aus naheliegenden Gründen unbemerkt – auch die deutschen Frauen die traumatische Entwertung von Männlichkeit und damit Väterlichkeit dadurch kompensieren, dass sie sich an der *Sehnsucht nach einer guten Mutter* orientieren.

Kleine Tyrannen haben die falschen Mütter

Wiederholt sind im Nachkriegsdeutschland sehr erfolgreiche Bücher erschienen, die Eltern vor »kleinen Tyrannen« – ihren Kindern – warnen. Diese Texte stehen für die Suche nach der guten Mutter und die Verluste an strukturierenden Vätern. »Schuld« an den tyrannischen Kindern sind implizit Mütter, Erzieherinnen im Kindergarten, Lehrerinnen in den Schulen, welche ihr pädagogisches Handeln von der Bewertung ihrer Zöglinge abhängig machen und diesen dadurch keinen Halt mehr geben.

Der Kinderpsychiater Michael Winterhoff und die Psychologin Jirina Prekop reagieren in diesen Texten auf die »vaterlose« deutsche Gesellschaft. Es wird darin kaum reflektiert, dass die Mütter deshalb so nachgiebig und überfordert sind, weil das strukturierende männliche Element in den pädagogischen Feldern fehlt. In den Texten Winterhoffs hat sich die väterliche Qualität auf eine medizinische Beobachterposition zurückgezogen, welche an die Stelle einer gesellschaftlichen oder historischen Analyse die Klage setzt, dass es den Frauen und Müttern an der »natürlichen« Selbstgewissheit mangele.

Ähnliches gilt für Ärzte oder für Pflegende, die an Patienten bzw. an Gepflegte unprofessionelle Liebes- und Anerkennungsbedürfnisse richten bzw. von diesen in ihrer Verantwortung entlastet werden wollen. Die in Deutschland besonders heftig geführte Diskussion über den sexuellen Missbrauch von Schutzbefohlenen lässt sich als Reaktion auf diese strukturellen Defizite begreifen. Sie hat inzwischen zu einer Gesetzesnovelle und zur Ernennung staatlicher »Missbrauchsbeauftragter« geführt, eine deutsche Spezialität.

In einer Analyse der Nachkriegsgenerationen fallen die »Vornameneltern« auf. Während in Frankreich oder Spanien die Eltern noch bis zur Mitte des vergangenen Jahrhunderts mit »Sie« angesprochen wurden, setzte sich in vielen vom Geist der 68er-Bewegung geprägten Familien die Anrede der Eltern mit dem Vornamen durch. Sie steht für den Wunsch nach einer Angleichung, einer Aufhebung von Macht- und damit auch Verantwortungsdifferenzen.[22] Die Suche nach symbiotischer Nähe prägt die Enkel der »Vornameneltern« womöglich noch stärker als deren Kinder. Das Bedürfnis, sich durch Verschmelzung mit Kindern selbst zu stabilisieren, hat sich intensiviert; die Sorge, ob das eigene Kind sich zeitgerecht entwickelt und den Übertritt in die richtige Schule schafft, hat zugenommen.

Die durch die Entwertung der traumatisierten Eltern verloren gegangenen Strukturen können nicht durch moralische oder »wissenschaftliche« Plädoyers neu geschaffen werden. Die populären Predigten von Kinderärzten und Psychiatern gegen Internetkonsum oder Computerspiele entfalten über wohlfeiles Einverständnis hinaus kaum Wirkungen, solange die Konsumgüterindustrie unkontrolliert ihre Verführungskräfte entfalten darf.

Die Rede vom kleinen Tyrannen schiebt ein komplexes Problem der deutschen Gesellschaft ihren schwächsten Mitgliedern (den Kindern) in die Schuhe und verlangt von den am meisten überlasteten Mitgliedern (den Eltern), sie sollten es abstellen. Im Unbewussten der Beteiligten ist noch die Gestalt der großen Tyrannen des Faschismus und Nationalsozialismus gespeichert; sie wird auf die Kinder projiziert und erlaubt im Gegenzug, unterdrückte Züge eines autoritären Charakters sowohl zu verharmlosen als auch zu beleben.

Im Gegensatz zum väterlichen ist das mütterliche Element scheinbar frei vom Schmutz des Nationalsozialismus und Militarismus. Obwohl Hitler von Frauen ebenso unterstützt, idealisiert und gewählt wurde wie von Männern, galten und gelten doch die Müt-

---

22 Michael Winterhoff: *Warum unsere Kinder Tyrannen werden, oder Die Abschaffung der Kindheit.* Unter Mitarbeit von Carsten Tergast, Gütersloh 2008; Jirina Prekop: *Der kleine Tyrann*, München 1988; Wolfgang Schmidbauer: *Ein Land, drei Generationen*, Freiburg 2009. Neu bearbeitete Ausgabe unter dem Titel *Wie wir wurden, was wir sind*, Freiburg 2014.

ter als »reine« Opfer. Sie verloren ihre Söhne im Krieg, wurden von barbarischen Siegern vergewaltigt und arbeiteten als Trümmerfrauen am Wiederaufbau Deutschlands.

Das Notmatriarchat[23]

In der patriarchalen Tradition regiert der Hausvater über Frauen, Kinder und Dienstboten. Aber in und nach den modernen Kriegen halten Frauen den leeren Mantel des Patriarchen und bestimmen das Geschehen. In den deutschen Nachkriegsehen wird die Vaterdeprivation durch die Kompensationsversuche der Frauen vertieft. Viele Mütter können mit der einfühlungsarmen Triebhaftigkeit der Männer nicht umgehen. Sie suchen Halt an ihren Kindern.

Die Väter greifen auf einen primitiven Mechanismus der sexuellen Selbstbestätigung zurück, der bis heute zur Kultur des Militärs gehört: die Sexualisierung des Nichtsexuellen als Dauer-Potenzbeweis und die zotige Entwertung des Kontaktes mit Frauen, der damit jeder Chance auf Geheimnis und Lust beraubt wird.

Die psychische Folge des »Notmatriarchats« sind Defizite an innerem Freiraum für Fantasie und Spiel in den Familien. In den Kindern wächst das Bedürfnis nach Harmonie und Symbiose. Unter diesem Gesichtspunkt werden auch die Partner gewählt, mit denen eine Familiengründung imaginiert wird.

Disharmonie und Streit in der Ehe gefährden den so ersehnten Frieden. Sie wecken Wut und parallel dazu Schuldgefühle. Die Suche nach einem Schuldigen, Ungeduld und Ängste vor der Verantwortung für eigene Fehler prägen dann das Geschehen in den Beziehungen. Ein realistischer Umgang mit dem Partner und seinen Grenzen kann nicht gelingen, wenn seine negativen Reaktionen –

---

23 Der Begriff wurde zuerst beschrieben in: Schmidbauer, *»Ich wußte nie, was mit Vater ist!«*.

er fühlt sich unverstanden, hat keine Lust auf Sex, ist unzufrieden mit der Beziehung – panische Ängste vor einem totalen Zusammenbruch der Familie auslösen.

Diese Ängste führen dann dazu, dass dem Partner seine Unzufriedenheit »ausgeredet« wird – mit Druck, mit Gegenvorwürfen, mit Drohungen, die das Klima in der Beziehung weiter verschlechtern und die Gefahr ihres Zusammenbruchs steigern. Die Kinder des Notmatriarchats wittern überall Gefahren. Sie können angesichts einer wichtigen Entscheidung nicht eine optimistische Fantasie gleichberechtigt neben einer pessimistischen entwickeln und dann zwischen beiden Szenarien wählen. Sie verfallen in einen Grübelzwang, in dem die Fantasien sich gegenseitig bekämpfen und unterdrücken, sodass keine Handlungsmöglichkeiten übrig bleiben.

Ein solcher Patient verlor jedes sexuelle Interesse, als seine Frau sich ein Kind wünschte. Bewusst wollte auch er eine Familie gründen. Doch er kämpfte mit der Fantasie, dass dieses Kind alle körperlichen Mängel aufweisen würde, die er und seine Frau hatten oder auch nur haben könnten. Obwohl er gut verdiente, fürchtete er zu verarmen. Seine früher eher zurückhaltende Frau war erotisch viel ansprechbarer geworden, seit sie sich zu dem gemeinsamen Kind durchgerungen hatten. Den Vorschlag, erst einmal das Sexualleben zu genießen, wenn seine Frau wirklich schwanger würde, könne er sich immer noch Sorgen machen, kehrte er geradezu um. Er müsse doch schon vorher alle seine Sorgen bezwingen. Erst wenn er gänzlich angstfrei und sicher sei, dass alles gut ginge, könne er die Schwangerschaft riskieren.

Eine 45-jährige Krankenschwester, Tochter einer Kriegerwitwe, klagte, dass sie sich ständig ausgenutzt fühle und sich nicht gegen ihre Kolleginnen und Verwandten durchsetzen könne. Dahinter stand ein unbewusster Neid auf alle Personen, die unbekümmert mit ihren Wünschen und Pflichten umgingen. Sie »musste« die Krankenstation, auf der sie arbeitete, perfekt hinterlassen, auch wenn sie dazu eigentlich keine Zeit mehr hatte. Sie fühlte sich von ihren Kolleginnen ausgenutzt, die es nicht so genau nahmen.

Einmal sollte sie eine Freundin im Auto mit zur Arbeit nehmen. Als sie dorthin kam, war wegen einer Baustelle die Straße gesperrt, sodass sie sich erheblich verspätete. Dennoch wartete sie eine Weile und rief dann in der Klinik an, um zu erfahren, dass die Freundin mit dem Zug gefahren war, weil sie den Stau beobachtet und gedacht hatte, ihre Abholerin sei längst umgekehrt.

Sie brach in Tränen aus und konnte sich tagelang nicht über ihre »Dummheit« beruhigen. Sie spiele für alle den Deppen. Niemand danke es ihr durch die geringste Rücksichtnahme. Hinter diesen Selbstanklagen verbargen sich Hass und Neid auf die Freundin. Die Patientin war rasend vor Sehnsucht nach deren Unbekümmertheit.

Das weibliche Selbstgefühl im Notmatriarchat bindet sich an Bemutterung, das männliche an Bemuttert-Werden. Die Betroffenen wünschen sich eine umfassende, grenzenlose Einfühlung. Männer rivalisieren nicht mehr mit dem Vater, sondern mit der Mutter ihrer Partnerin. Frauen opfern sich für »schwierige« Männer auf und hoffen, diese dadurch in Partner zu verwandeln, die sich irgendwann ebenso aufopfernd um sie kümmern.

In den deutschen Familien ist das Notmatriarchat keine Folge des Zweiten Weltkriegs; es prägte auch schon die Generation, die 1914 mit den Erwartungen eines schnellen Sieges in den Krieg gezogen war und 1918 erschöpft den Demütigungen der Niederlage ins Auge sehen sollte.

Diese Bewegung von der grandiosen Erwartung zur traumatischen Niederlage und anschließend zum Aufbau einer noch radikaleren Größenfantasie gehört zu den bedrohlichen Potenzialen des primitiven Narzissmus. Sie lässt sich überall dort beobachten, wo naive Erwartungen, »dass alles glatt geht«, enttäuscht werden. Wenn der Angstdruck auf das Selbstgefühl groß genug ist, muss trotz des wachsenden Risikos, abermals zu scheitern, die Niederlage verleugnet und eine kompensatorische Steigerung gesucht werden. Die Reaktion des Zockers, nach einem Verlust den Einsatz zu erhöhen, setzt an die Stelle der spielerischen Qualität den radikalen Ehrgeiz des *Alles oder nichts.*

In Liebesbeziehungen wirkt sich diese Dynamik so aus, dass angesichts der wachsenden Empfindung, nicht »genug« geliebt zu werden, die Forderungen an den Partner gesteigert werden. Der Partner soll nicht nur leisten, was sich von selbst versteht, sondern er soll auch die Wut und den Neid hinwegzaubern, die den Glauben an die eigene Liebeswürdigkeit erschweren. Am Ende beobachten wir Männer und Frauen, die auf einen Partner einhacken wie der Storch auf die Schildkröte, um sich eine Liebe zu erschließen, von der sie glauben, sie verdient zu haben.

Viele der Vorwürfe, die in den deutschen Streitehen gegen versagende Partner erhoben werden, verraten das Bestreben, Verantwortung zu delegieren und die eigene Beteiligung zu verkleinern. Rechthaberei beispielsweise würde einem Gegenüber, das nicht selbst gerne recht behält, gar nicht auffallen.

Ähnliches gilt für Egoismus: Ich beobachte ihn an meinem Partner ausschließlich dann, wenn mein eigenes Ego verletzt wurde und in mir der Eindruck einer Asymmetrie wächst. Diesen Eindruck könnte jener wahrhaft altruistische Mensch gar nicht gewinnen, der ich gewiss nicht bin, solange ich den Egoismus des Partners tadle. Wieder übernehmen die Partner eine vertraute Geste der nationalsozialistischen Rhetorik: Den Volksgenossen wird jeder kleine Egoismus verboten, der dem großen Egoismus des Führers im Weg steht.

Die Lösung solcher Konflikte erwächst nicht aus dem Druck, Rechthaberei oder Egoismus aufzugeben, sondern aus einem Ausgleich. Jeder Partner darf etwas behalten, jeder Partner gibt etwas auf, sodass ein Gefühl der Gerechtigkeit den Austausch und die Wechselseitigkeit der Liebesgefühle festigen kann.

Auch der Vorwurf, ein Partner sei nicht »erwachsen« genug und suche eine Mutter bzw. einen Vater, hat eine vergleichbare Struktur. Die in Deutschland besonders häufige vorwurfsvolle Feststellung, ein Gegenüber sei nicht reif, nicht erwachsen, brauche ein Kindermädchen, eine Mama oder einen Papa, trifft nicht die Wirklichkeit, sondern spiegelt eigene infantile Wünsche. Eine solche Feststellung sucht den Partner unbewusst in eine Elternrolle zu rücken. Er hätte etwas geben müssen, er hätte wissen müssen, dass mich sein Handeln verletzt, er wusste es genau und hat es dennoch getan, er hat mich übersehen, ignoriert, statt mich und meine Bedürfnisse wichtiger zu nehmen als sich und seine Bedürfnisse. Er ist ein Kind, keine gute Mutter! Er hat mir die Babyrolle gestohlen!

Die Rollenverwirrung zwischen *Mutter* und *Partner* ist also keineswegs auf Söhne beschränkt. Wenn die Eltern traumatisiert sind und durch ihre Angst vor Unsicherheit und ihre Sehnsucht nach einer heilen, sie ganz und gar bestätigenden Welt ihre Kinder unter Druck setzen, suchen diese ihrerseits Sicherheit und Anerkennung in ihren Liebesbeziehungen. Sie können dieses Bedürfnis nach totaler Bestätigung kritisch sehen und reagieren deshalb panisch und vorwurfsvoll auf alle Einflüsse von außen, welche die kompensatorische Symbiose mit dem Selbstobjekt gefährden. Sie brauchen einen Partner, der genauso ist, wie er benötigt wird, um die Defizite im eigenen Selbstwerterleben auszugleichen.

Darin wurzeln die Nähe-Ängste und die sexuelle Empfindlichkeit der »deutschen Männer«, von denen Marcella gesprochen hat. Die deutsche Nachkriegswelt war voller Frauen, deren Söhne in ihrer Männlichkeit verunsichert waren und diese Unsicherheit dadurch kompensierten, dass sie es »recht machen« wollten, den Frauen, den Müttern.

In der nächsten Generation entstanden dann Ehen, in denen wieder die Mütter wider Willen, oft unglücklich und enttäuscht, dominieren mussten, weil ihre Partner ihnen keinen Halt gaben, sondern selbst Halt suchten und sich gekränkt zurückzogen, wenn er ihnen nicht gegeben wurde. Die Rückzugslinie führte zu »besseren« Müttern, sei es einer Geliebten, sei es der realen Mutter, manchmal zu beiden.

Die folgende Geschichte ist ein Beispiel für eine deutsche Ehe, in der das Thema der Muttersuche eine Rolle spielt. Die Eheleute kommen beide aus (kriegs)traumatisierten Familien. Der Vater des Ehemanns hat den Krieg und die Gefangenschaft schwer traumatisiert überlebt; er stirbt früh durch einen Unfall; die Mutter zieht ihren einzigen Sohn alleine auf, unterstützt von den Großeltern.

Die Ehefrau ist die Tochter eines alkoholkranken Vaters aus einer wohlhabenden Kleinstadtfamilie. Ihre Mutter war Verkäuferin. Sie knüpfte mit dem Sohn der Ladeninhaber eine Beziehung an und wurde von ihm schwanger. Die Familie ging abschätzig mit der Aufsteigerin um, die ihrerseits ihre Tochter sehr streng und perfektionistisch erzog. Die Eheleute hatten eine glückliche Zeit, als sie frisch verliebt waren und zu zweit lebten.

Die Konflikte begannen – wie es für die deutsche Ehe typisch ist – nach der Geburt des zweiten Kindes, als die Familienplanung abgeschlossen war und das Paar vor der Anforderung stand, Elternrolle, erotische Rolle und berufliche Rolle zu integrieren. Zusätzlich musste die Ehefrau den Verlust ihrer beruflichen Rolle verarbeiten. In dieser Situation eskalierte der Neid auf die bisher von der Ehefrau kaum wahrgenommene Mutter ihres Partners. Je mehr sie seine Bindung an diese Mutter bekämpfte, desto intensiver wurde auch ihr Neid auf die Liebe, welche diese Mutter so mühelos erntete, wo sie selbst sich doch so anstrengte, sie zu bekommen.

»Weihnachten bringt mir Unglück«, sagt der 59-Jährige. »Jedes Jahr werde ich vorher entweder krank oder depressiv. Was habe ich nicht schon alles gehabt: einen Bandscheibenvorfall, Gelenkrheuma, eine Netzhautablösung, immer um die Weihnachtszeit. Und das alles hat mit einer Kleinigkeit angefangen, einem belanglosen Streit zwischen meiner Mutter und meiner Frau. So ein banaler Anlass, wie in dieser Heldensage,[24] wo es darum geht, welche Frau den Vortritt hat, ich glaube beim Gang in die Kirche.«

Viele Jahre lang war seine Mutter an Heiligabend eingeladen worden. Seine Frau hätte lieber allein mit der Familie gefeiert, nahm aber den zusätzlichen Gast in Kauf. Denn die Mutter ihres Mannes war Witwe, ihr Mann war der einzige Sohn, und er hätte es nicht ertragen, seine Mutter an Heiligabend allein zu lassen. Die Witwe war jedoch keineswegs dankbar. Sie stöhnte immer ein wenig über den Aufwand, tat herablassend und behauptete, sie würde Weihnachten genauso gerne in ihrer kleinen Wohnung feiern. Es sei ihr zu viel, in das Landhaus ihres Sohnes kommen. Dabei wurde sie von ihrem Sohn abgeholt, durfte übernachten und wurde am Nachmittag des 25. Dezember nach dem Gans-Essen nach Hause kutschiert.

An der besagten Krisenweihnacht zerbrach die bis dahin gepflegte rituelle Harmonie. Es begann damit, dass die Mutter die Kaschmir-Stola, welche die Schwiegertochter ihr geschenkt hatte, nicht genug lobte und obendrein noch eine angeblich bösartige, in Wahrheit aber ganz harmlose Bemerkung machte: Die Stola sei schön warm, aber das tür-

[24] Gemeint ist das Nibelungenlied: Brunhilde und Krimhilde streiten darum, wer den höheren Rang hat; Krimhilde verrät in ihrer Wut, dass Siegfried Brunhilde verlassen und sich mit ihr vermählt hat.

kische Seidentuch, das sie ihr letzte Weihnachten geschenkt habe – ein ausgesucht schönes Stück –, das trage sie nie. Ob die Schwiegertochter es nicht zurückhaben wolle?
Die Schwiegertochter schaute auf ihren Mann. Der musste wissen, wie sie es hasste, wenn eines ihrer mit Bedacht ausgesuchten Geschenke zurückgewiesen wurde! Der Mann vermied ihren Blick. Er wollte häuslichen Frieden um jeden Preis. Und er stand auf der Seite der Mutter. Er war mutterfixiert. Davon war auch ihre therapieerfahrene Freundin überzeugt. Die Frau war es leid, ihrer Schwiegermutter zu widersprechen. Sie würde ein Wort mit ihrem Mann reden und eine andere Lösung für den Heiligabend suchen. Leicht würde es nicht werden, zeigte er doch in solchen Situationen stets diesen Hundeblick, der zu sagen schien: Aber sie ist doch eine alte Frau und hat nur mich …
Während des krisenweihnachtlichen Gans-Essens bemerkte die Hausfrau, wie die Schwiegermutter Hund und Katze unter dem Tisch mit Bröckchen fütterte. In ihrem eigenen Haushalt mochte die Hexe tun, was sie nicht lassen konnte. Aber sie wusste genau, dass in diesem Haus Tiere bei Tisch nicht betteln durften. Das hatte man ihr mehrfach erklärt. Diese Person tat das in voller Absicht. Sie verzog jeden, der mit ihr zu tun hatte, respektierte nichts außer ihrer eigenen Schlamperei und verdarb, was sie als Ehefrau mit Mühe und Disziplin aufgebaut hatte!
Sie suchte den Blick ihres Ehemannes und fand ihn wieder nicht. Er tolerierte diese Sauerei. Seiner Mutter sah er alles nach, dabei hatte er sich neulich so aufgeregt, als bei Freunden ein Köter den Abend lang bettelnd am Tisch stand. Es hatte keinen Sinn, länger zu warten. Sie musste eine Entscheidung treffen. Zehn Jahre Aschenputtel waren zu viel. Das Maß war voll.
»Ich mache da nicht mehr mit. Ich halte das nicht mehr aus. Ich habe noch nie ein eigenes Weihnachten gehabt. Immer soll ich mich um irgendwelche Verwandten kümmern, die es mir keinen Augenblick dan-

ken. Ich finde es unmöglich, dass du meine Geschenke verachtest und dir egal ist, wie ich meinen Haushalt haben will. Du fütterst den Hund, du steckst den Kindern heimlich Süßigkeiten zu, obwohl ich dir gesagt habe, dass ich das nicht möchte. Du bist die größte Egoistin, die es gibt. Und deinen Sohn hast du zum zweitgrößten Egoisten erzogen. Bis heute ist er auf dich fixiert und kann sich nicht lösen. Haarklein muss er dir alles erzählen. Alle sagen, dass das nicht normal ist. Er ist ein Muttersöhnchen geblieben.«

»Es tut mir leid, wenn dich das mit dem Tuch gekränkt hat«, erwiderte die Schwiegermutter. »Ich habe es nur gut gemeint. Ich ziehe es wirklich nicht an, diese orientalischen Muster passen nicht zu mir.«

»Das liegt doch nur daran, dass du immer noch Nazi bist und denkst, du gehörst zum Herrenvolk und weißt alles besser. Gibt es in deinem Kopf nur Rautenmuster und Dirndlblusen? Ich will das nicht mehr. Das hier ist mein Haus, hier wohne ich mit meinem Mann, und wenn mein Mann nicht Manns genug ist, für Ordnung zu sorgen, dann muss ich es eben tun!«

Die Heimfahrt verbrachten Mutter und Sohn schweigsam. Kurz vor der Ankunft sagte die Mutter, sie wolle dem Eheglück nicht im Wege stehen. Es sei doch klar, wo sein Platz sei. Da konnte er nicht mehr sagen, dass auch er sich manchmal über die Nadelstiche seiner Mutter gegen seine Frau geärgert hatte.

Er konnte sich nicht gegen seine Frau wehren und war dankbar, dass seine Mutter nicht böse war. Seine Mutter hatte Appetit und war zufrieden, wenn es Streit gab, sie schüttelte das ab. Seine Frau aber weinte und aß nicht mehr.

Er duckte sich vor seiner Frau wie vor einem Gewitter und war überzeugt, in seinem Nachgeben doch der Klügere und Stärkere zu sein. Und er rächte sich, er beschämte sie durch kleine Szenen vor Dritten, in denen sie nicht wusste, wie ihr geschah. Wenn sie später versuchte, ihm seine Tücke zu beweisen, tat es ihm leid, er habe nur Spaß gemacht, habe nicht bemerkt, dass sie ihn nicht verstand. »Meine Mutter hat hier Hausverbot, weil sie kein Paisley-Muster mag!« – »Meine Frau findet, ich bin mutterabhängig. Mir ist das noch nie aufgefallen.«

Der Sohn findet den Kontakt zu seiner Mutter umso angenehmer und aufbauender, je lauter er als Muttersöhnchen kritisiert wird. Indem die Ehefrau zetert, schimpft, manchmal auch weint, weil sie weniger geliebt wird als die Mutter, verrät sie ihre Unsicherheit. Sie kämpft um die Erfüllung einer Sehnsucht, die ihre Mutter nicht erfüllen konnte: sich in ihrer Weiblichkeit wohlzufühlen und jene Sicherheit auszustrahlen, die eine erotische Bindung privilegiert.

Die Geschichte von der »Mutterfixierung« spiegelt einen kleinen Ausschnitt aus dem Material einer Paaranalyse, in der es dem Ehemann möglich wurde, die Ängste seiner Frau zu verstehen und die in seinem Erleben bisher von Selbstgerechtigkeit überdeckte Aggression in seinem Verhalten zu erkennen. In der Folge entspannte sich die Beziehung zwischen den beiden Eheleuten merklich.

Wenn eine Frau von der »neurotischen Mutterbindung« ihres Mannes spricht, spielt sie auf das Notmatriarchat an, sucht aber in ihrem Mann mehr die Mutter als den Partner. Der Begriff signalisiert Selbstgefühlsprobleme *beider* Beteiligter und einen Mangel an Intensität in der sexuellen Bindung des Paars.

Die mütterliche Qualität ist eng mit dem Wunsch nach einer Symbiose verbunden: Die Differenz zum Liebesobjekt soll verschwinden; was für sie steht, wird so gut wie möglich verdrängt. Wo die vollständige Harmonie mit einem als sehr mächtig erlebten Liebesobjekt nicht gelingt, entstehen Ängste, deren Intensität sich aus dieser mütterlichen Macht speist.

Familien, die ein Trauma zu verarbeiten haben, leben dicht an den schnellen Affekten von Angst und Wut, die nur Schwarz oder

Weiß, (symbiotische) Sicherheit oder Katastrophe zulassen. Daher verwandelt sich auch ein überschätztes Liebesobjekt schnell in einen Bösewicht, wie die »kleinen Tyrannen« der Aufklärungsbücher. In traumatisierten Familien gibt es keine kleinen Probleme, die zum Alltag gehören und einfach hingenommen werden. Emotionale Probleme werden nicht wahrgenommen, sondern verleugnet, bis sie nicht mehr lösbar zu sein scheinen. Dann lösen sie heftige Ängste und/oder Aggressionen aus. Durch die einer Reflexion nicht mehr zugängliche Kampf-Flucht-Reaktion gibt es nur totalen Frieden oder eben totalen Krieg.

In belastbaren Familien, die entweder nicht traumatisiert wurden oder ihre Verletzungen verarbeiten konnten, werden Verletzungen zwar im Alltag »vergessen«, aber nicht verleugnet. Wenn einem Familienmitglied dieses Vergessen nicht möglich ist, suchen die restlichen Mitglieder gemeinsam mit ihm nach einer Lösung, die eine Rückkehr in einen entspannten Alltag ermöglicht.

In traumatisierten Familien müssen entweder alle vergessen oder alle sich dauernd erinnern. Es wird entweder jeden Tag über das erlittene Unrecht gesprochen oder nie. Die Verletzung des Selbstgefühls ist tabu, sie wird niemals erwähnt; wenn ein Gast es dennoch tut, stößt er auf eisiges Schweigen und wird nie wieder eingeladen.

Solche Mechanismen wurden in den Familien beschrieben, die jüdische Überlebende der Vernichtungslager gründeten. Die Kinder, Hoffnungsträger einer Heilung der eigenen traumatischen Erfahrung, wurden von den Eltern als »kleiner Hitler« oder als »schlimmer als Hitler« beschimpft, wenn sie die elterlichen Erwartungen nicht erfüllten.

Der Import des Leistungs- und Anpassungsdenkens in die Welt der Liebesbeziehungen ist nirgends so rasch und gründlich geschehen wie im Wirtschaftswunderland. Eine charakteristische Folge ist die Angst vor Nähe.[25] Da die Partner voneinander erwarten, als »gute Liebende« mit ausgezeichneten Noten ihre Angst und Unsicherheit auszugleichen, werden eine enge Beziehung, Verantwortung für den Partner sowie verbindliche Regeln für den gemeinsamen Haushalt und die Kindererziehung als *Stress* erlebt. Das trägt zum Schwinden der Kinderzahlen und zur starken Zunahme der Single-Haushalte bei, prägt aber über diese Indizes hinaus auch das Geschehen in den Beziehungen.

Charakteristisch für die Leistungsängste in Liebesbeziehungen sind *mehr* Streitigkeiten, wenn ein Paar in gemeinsamer Arbeit endlich *ein Ziel erreicht* hat, von dem es sich gemeinsamen Gewinn verspricht. Während beide unterwegs waren und sich anstrengten, den erwünschten Ort von bewiesener Liebe und erwartetem Glück zu erreichen, wurden die Differenzen darauf geschoben, dass man nicht wirklich Zeit füreinander habe. Nach der Ankunft am Wunschort werden die Streitigkeiten fast unerträglich, es sei denn, beide entdecken ein neues Ziel, das fortan die Sehnsucht nach Liebe und Glück verkörpert und so die Partner für eine Weile entlastet.

Dieses Ziel kann die gemeinsame Wohnung sein, ein eigenes Haus, ein erstes, zweites, drittes Kind. Leistungsorientierte Menschen blicken nach vorne und erwarten von sich, Probleme durch Aktivität zu lösen. Wenn es ängstlich stimmt, die eigenen Liebesbedürfnisse und Liebeskränkungen offenzulegen, entlastet es sehr, die Wut über unerfüllte Erwartungen gegen äußere Hindernisse zu richten und dadurch den Partner vor dieser Wut zu bewahren.

Ist das Ziel der gemeinsamen Anstrengung erreicht, prallen die passiven Erwartungen eines wunschlosen, symbiotischen Glücks

---

[25] Vgl. Wolfgang Schmidbauer: *Die Angst vor Nähe*, Reinbek bei Hamburg 1986, erweiterte Neuauflage 2004.

jäh aufeinander. Es gibt keine Möglichkeiten mehr, die Aggression in Aufbauarbeit umzusetzen.

Die typische Krise der deutschen Ehe bricht in ihrer vollen Wucht aus, wenn die Familienplanung abgeschlossen ist, wenn die Rollen »fest« sind, wenn »geklärt« ist, wer außer Haus, wer im Haus tätig ist, wenn womöglich genau jener Zustand erreicht ist, den Schiller im *Lied von der Glocke* idealisiert: Der Mann zieht hinaus, drinnen waltet die züchtige Hausfrau, die Mutter der Kinder.

Drei Substrukturen des Selbstgefühls müssen in einer modernen Familie integriert werden. *Vor* der Familiengründung kommt das Paar mit zweien aus:

1. *Mann – Frau (Erotik)*
2. *Beruf (Leistung, Erfolg)*

Diese beiden Substrukturen sind sozial gefestigt. Sie können gut getrennt werden, sind übersichtlich, durch kulturelle Normen auch von außen geregelt und vor Regressionen geschützt. Beruf und Erotik festigen gemeinsam die Erwachsenenrolle. Sie implizieren eine Gleichgewichtigkeit der Partner und erleichtern es diesen, in Austausch zu treten und Kompromisse zu finden. Nach dem Abschluss der Familienplanung muss eine dritte Substruktur, die Struktur der Elternschaft (Mutter/Vater), aufgebaut werden. Das geschieht langsam und in unterschiedlichen Stadien. Zwischen dem ersten und dem zweiten Kind lässt sich eine deutliche Differenz feststellen. *Ein* Kind kann viel besser in die bisherigen Strukturen eingebettet werden als *zwei* Kinder. Oft erhalten sich beide Partner ihre beruflichen Rollen, integrieren Dritte in die Versorgung des Babys oder teilen sich diese Aufgabe.

Nach dem zweiten oder dritten Kind ändert sich diese Situation. Jetzt ist oft die Familienplanung abgeschlossen. Der Anspruch wächst, vom Provisorium, das von beiden Partnern viele Verhandlungen erforderte, ihnen Freiräume gab und Kompromisse gleichgewichtig machte, in einen Endzustand einzutreten. Dieser fordert von den Beteiligten Opfer, deren Folgen nicht vorhersehbar sind und deren Nachteile nun sehr oft nicht mehr partnerschaftlich, sondern rechthaberisch diskutiert werden. Jetzt werden auch passive, regressive Bedürfnisse geweckt.

So kann es geschehen, dass die Frau erwartet, für ihren Verzicht auf berufliche Selbstverwirklichung einen Ausgleich in Form von Unterstützung und Anerkennung seitens ihres Partners zu erhalten. Sie hat ihm Kinder geschenkt, hat sich ihm zuliebe in ihrem Ehrgeiz, ihrer Selbstverwirklichung zurückgenommen. Jetzt beobachtet sie genau, ob ihr Mann, der noch besitzt, was ihr fehlt, ihr auch genug von diesem wertvollen Guthaben abgibt.

Der Mann wiederum möchte dafür anerkannt werden, dass er durch seine Arbeit die Familie finanziert. So beginnt er, nicht den Gewinn und die Freude an dieser Arbeit nach Hause zu bringen, sondern ihre Last, ihre Mühe, seine Müdigkeit. Als erschöpfter Krieger hofft er liebevolle Aufnahme zu finden und sich den Ansprüchen seiner Frau, sie endlich bei den Kindern abzulösen, entziehen zu können.

So wird die Freude am Partner und an der Familie zu einem knappen Gut, denn auch die Hausfrau beginnt nun, ihren eigenen Stress als Gradmesser des von ihr Geleisteten auszugeben. Die ausgeprägten Erwartungen an Symbiose und Harmonie in den von multiplen Traumatisierungen geprägten deutschen Ehen bergen die Gefahr, dass frustrierte Anerkennungsbedürfnisse nicht in gemeinsamer Trauerarbeit bewältigt werden, sondern zu Vorwürfen, Streit und zu einem Verlust der bindenden erotischen Rituale führen.

Die Elternstruktur gewinnt ihr Baumaterial aus den vorhandenen Strukturen. Es geht einerseits um Leistung, anderseits um Zärtlichkeit, eine teilweise entsexualisierte Form der Erotik.

Die durch Elternschaft entstehenden Defizite an beruflichem Erfolg haben sich in gesellschaftlichen Strukturen wie Mutterschutz, Elternzeit, Kindergeld niederschlagen. Die Defizite im Bereich der Erotik und der Mann-Frau-Beziehung bleiben den persönlichen Regelungen der Partner überlassen. Dazu müssten diese sich die Defizite aber erst einmal eingestehen.

Deutsche Paare verdrängen die Folgen solcher Defizite. Sie wollen die symbiotische Illusion nicht durch ein Einverständnis darüber gefährden, dass die Elternrolle Baumaterial aus den erotischen Rollen so gut raubt wie aus den beruflichen. Die Folgen sind verhängnisvoll: Wenn diese Probleme erst bewusst werden, sobald ein Partner fremdgeht, sind die angesammelten Kränkungen nicht selten unüberwindlich.

Fast ebenso verhängnisvoll kann es sein, wenn die Partner das Modell der Elternschaft auf die erotische Beziehung übertragen. Sie identifizieren sich dann mit dem Baby und fordern vorwurfsvoll von ihrem Gegenüber, einen Mangelzustand zu »stillen«. »Du begehrst mich nicht mehr, du hast unsere Liebe den Kindern geopfert«, sagt der Vater, ohne sich Gedanken darüber zu machen, dass zwar ein jammerndes Baby von der Mutter gestillt wird, aber ein jammernder Sexualpartner das erotische Feuer eher löscht als entzündet.

Im Gegenzug sagt die Mutter nicht weniger vorwurfsvoll: »Ich brauche jetzt einen Vater für unsere Kinder und nicht noch ein Baby mehr!« Auch sie macht sich keine Gedanken darüber, dass Väter durch Anerkennung ihrer Stärken aufgebaut werden, nicht durch Kritik an ihren Schwächen.

Wer Wünsche in Vorwürfe verwandelt und Trauer in Schuldzuweisung, vermeidet Einsicht in eigene Schwäche, in eigene Abhängigkeit und in die Differenz zum Partner. Wer sein Recht einklagt, behauptet sein Selbstgefühl. Er kann die eigene Schwäche dem Partner zuschreiben.

Je mehr ein Partner sich bemüht, sich diszipliniert hat, desto mehr Dankbarkeit erwartet er dafür. Das Gleiche gilt für die Größenvorstellungen, die dem Partner subjektiv geopfert wurden. Wenn ich mir ausmale, worauf ich dem Partner und der Familie zuliebe verzichtet habe, wäre es doch kleinlich, mir etwas anderes auszumalen als eine Traumkarriere.

So wiederholen sich im Mikrokosmos der Ehe die Tragödien des deutschen Selbstgefühls: Ängste werden nicht erlebt, sondern durch Mobilmachung bekämpft; Niederlagen werden nicht verarbeitet, sondern durch aggressive Kompensationen verschlimmert; Einschränkungen führen nicht zu Besinnung und Bescheidung, sondern steigern Größenanspruch und Selbstgerechtigkeit.

Streit und vor allem Entwertung der Partner prägen viele deutsche Familien. In Erstgesprächen gewinnt der Analytiker den Eindruck, dass seine Patienten darunter mehr gelitten haben als unter den Scheidungen, die doch so oft als Familienkatastrophe schlechthin dargestellt werden. Das mag daran liegen, dass ein Kind besonders heftig verwirrt und geängstigt zurückbleibt, wenn es in ständiger Unsicherheit am Rand einer Familienkatastrophe lebte, die immer wieder angekündigt und dann widerrufen wurde.

Die Eltern reden schlecht übereinander, drohen, klagen einander direkt oder verdeckt an – und bleiben doch zusammen. Über das, was sie bindet, sprechen sie nicht offen, vor allem nicht über die eigene Angst vor einer Trennung und vor dem Verlust des vertrauten Übels, das doch für eine traumatisierte Psyche meist besser ist als das unbekannte Gute.

Oft machen deutsche Eltern aus der Angst und der Konfliktscheu ihrer Elternschaft einen Opfergang. Sie behaupten etwa: Wenn ihr Kinder nicht wärt, wäre ich frei; euch zuliebe bleibe ich, ihr solltet es mir danken. So pflanzen sich perfektionistische Bilder der Ehe fort: Sollten die Kinder sich überhaupt für eine Bindung entscheiden, wünschen sie sich eine ganz andere und viel bessere Ehe als die der Eltern. So bauen sie sich eine neue Falle, denn die Schuld am Scheitern eines so ehrgeizigen Projektes ist ohne Vorwurf an die Adresse des Partners und dessen Entwertung schwer zu verarbeiten.

Mythen tragen dazu bei, dass auch an grausamen Ehen festgehalten wird und Kinder den Eltern dafür noch danken sollen, dass diese die Familie so ausdauernd gequält haben. Wer aus einer lieblos gewordenen Beziehung aussteigt und dadurch auch das Gegenüber erlöst, hat dann am Ende die schlechteren moralischen Karten. Mitverantwortlich sind Bilder einer ganz besonders haltbaren und todesmutigen deutschen Treue. Sie werden im nächsten Kapitel untersucht.

5. Deutsche Treue und rassistische Politik

Symbolträchtig, noch märchenhaft, immer wieder aufgegriffen und zum politischen Ideal zurechtfrisiert, entfaltet das von dem römischen Autor Tacitus geprägte Bild der deutschen Ehe bis heute seine Wirkungen. Man ist versucht, hier das Wort von Karl Marx geradezu umzudrehen, dass die Geschichte als Tragödie beginnt und sich als Farce wiederholt.[26]

Bei Tacitus beginnt sie als moralische Farce, die zuerst niemand ernster nahm, als das Tugendpredigten verdienen. Aber die Rezeptionsgeschichte der *Germania* und die der Bemerkungen des römi-

---

[26] »Hegel bemerkte irgendwo, daß alle großen weltgeschichtlichen Tatsachen und Personen sich sozusagen zweimal ereignen. Er hat vergessen, hinzuzufügen: das eine Mal als Tragödie, das andere Mal als Farce. Caussidière für Danton, Louis Blanc für Robespierre, die Montagne von 1848–1851 für die Montagne von 1793–1795, der Neffe für den Onkel. Und dieselbe Karikatur in den Umständen, unter denen die zweite Auflage des achtzehnten Brumaire herausgegeben wird!
Die Menschen machen ihre eigene Geschichte, aber sie machen sie nicht aus freien Stücken, nicht unter selbstgewählten, sondern unter unmittelbar vorgefundenen, gegebenen und überlieferten Umständen. Die Tradition aller toten Geschlechter lastet wie ein Alp auf dem Gehirne der Lebenden. Und wenn sie eben damit beschäftigt scheinen, sich und die Dinge umzuwälzen, noch nicht Dagewesenes zu schaffen, gerade in solchen Epochen revolutionärer Krise beschwören sie ängstlich die Geister der Vergangenheit zu ihrem Dienste herauf, entlehnen ihnen Namen, Schlachtparole, Kostüm, um in dieser altehrwürdigen Verkleidung und mit dieser erborgten Sprache die neuen Weltgeschichtsszene aufzuführen.« – Karl Marx: Der achtzehnte Brumaire des Louis Bonaparte (1852), zit. nach: MEW, Bd. 8, S. 115.

schen Autors über die deutsche Treue sprechen dafür, dass der Text Wirkungen entfaltet hat, von denen Tacitus sich nichts hätte träumen lassen.

Seine Schrift war lange verschollen; es hatte sich nur ein einziges Exemplar erhalten, das im 15. Jahrhundert der päpstliche Nuntius in Deutschland und spätere Papst Pius II., Enea Silvio Piccolomini, entdeckte und verwertete. Und kaum war Tacitus' Buch über die Germanen wieder ans Tageslicht gekommen, wurde die Schrift auch schon propagandistisch genutzt: Um die Teilnehmer am Regensburger Reichstag von 1471 für einen Kreuzzug gegen die Türken zu begeistern, wurde aus der *Germania* zitiert. Jeder Zweifel an der siegversprechenden Überlegenheit des Heiligen Römischen Reiches Deutscher Nation sei durch die Autorität aus klassischer Zeit widerlegt. An den überlegenen kriegerischen Eigenschaften der Germanen sei nicht zu zweifeln.

Tacitus' Schrift ist ein aus Berichten anderer Autoren kompiliertes Werk. Der Autor selbst war nie an Ort und Stelle, anders als Gaius Julius Cäsar, dessen Bericht über den Gallischen Krieg Tacitus als Quelle erwähnt. Seine *Germania* nutzt die völkerkundliche Beschreibung polemisch: Sie setzt die Sittenstrenge der germanischen gegen die Lasterhaftigkeit der römischen Frauen.

Tacitus' Text ist eine indirekte Kriegserklärung an die in Rom sehr beliebte *Ars amatoria* (auch *Ars amandi,* Liebeskunst) von Ovid, die recht frivole Empfehlungen enthält. Die germanische Einfachheit greift den römischen Luxus ebenso an wie die germanische Strenge die römische Leichtlebigkeit.

> *»Nicht anders ist die Tracht der Frauen und der Männer, außer dass sich die Frauen häufiger in einen leinernen Überwurf hüllen und diesen mit Purpur bunt färben und dem oberen Teil des Untergewandes keine langen Ärmel geben, nackt am Unter- und*

Oberarm; aber auch der nächste Teil der Brust ist frei.« (Tacitus, Germania, 17,3)[27]

Nach der Bekleidung der Germaninnen kommt Tacitus sogleich zu deren Ehemoral. Sie würden nur einen Partner kennen und seien diesem von der Vermählung bis zum Tode treu. Nicht die Frau bringe die Mitgift in die Ehe, sondern der Mann. Zu dieser Mitgift zählten Waffen und gezäumte Pferde, um den Eheleuten von Anfang an klarzumachen, dass es darum gehe, gemeinsam zu kämpfen.

»Das betrachten sie als stärkstes Band, dies als geheimnisvolle Weihen, darunter verstehen sie die Götter des Ehebundes. Damit die Frau mutige Taten nicht außerhalb ihres Gedankenkreises und sich den Wechselfällen des Krieges enthoben glaubt, wird sie gleich durch die Eingangsfeier des beginnenden Ehestandes daran erinnert, dass sie als Gefährtin der Mühsale und Gefahren eintrete, um im Frieden wie auf dem Schlachtfeld Schicksal und Wagnisse zu teilen. Dies sagt ihr das Joch Ochsen, dies das aufgeschirrte Ross, dies die überreichten Waffen. So habe sie zu leben, so zu sterben; sie empfange, was sie unentweiht und in Ehren auf ihre Kinder bringen, was ihre Schwiegertöchter empfangen und wiederum auf ihre Enkel übergehen solle.« (18,4)

Tacitus lebte von 55 bis 120 nach Christus. Er hatte eine untadelige Karriere in der römischen Adelsgesellschaft, war Prätor und Konsul, verwaltete vermutlich eine Provinz. Obwohl er völlig in die römische Kaiserzeit gehört, lässt er immer wieder anklingen, dass die hohe Zeit Roms die der Republik gewesen sei. Die eigene Epo-

---

[27] Deutsche Übersetzung sämtlicher *Germania*-Zitate nach Teuffel, W.S., bearbeitet von E. Gottwein, 2000–2013: http://www.gottwein.de/Lat/tac/Germ16.php

che hingegen sei verweichlicht und verkommen. Seine Aussagen über die Germanen sind insgesamt alles andere als bewundernd; er schildert Trägheit, Spiel- und Trunksucht. In einem Punkt aber erhebt er die Germanen über die Römer: Bei ihnen sei das heile Familienleben zu finden, das in Rom verfalle.

> *»So leben sie denn in den Schranken der Sittsamkeit, durch keine lüsternen Schauspiele, keine verführerischen Gelage verdorben. Auf die Heimlichkeiten von Briefen verstehen sich Männer wie Frauen gleich wenig.*[28] *Fälle von Ehebruch sind bei dem so zahlreichen Volk eine große Seltenheit. Seine Bestrafung erfolgt auf der Stelle und ist dem Gatten überlassen. Mit abgeschnittenen Haaren, entkleidet, stößt sie der Gatte in Gegenwart der Verwandten aus dem Haus und treibt sie mit Schlägen durch das Dorf. Denn die Preisgabe der Keuschheit findet keine Nachsicht: nicht durch Schönheit, nicht durch Jugend, nicht durch Reichtum fände sie einen Mann. Denn niemand lacht da über die Laster und verführen und sich verführen lassen heißt nicht Zeitgeist. Noch besser freilich steht es bisher bei den Stämmen, bei denen nur Jungfrauen heiraten und es mit der Hoffnung und dem Wunsch der Gattin ein für alle Mal abgetan ist. So erhalten sie einen Gatten, ebenso wie einen Leib und ein Leben, auf dass kein Gedanke darüber hinausreiche, sich kein Verlangen weiter erstrecke, damit ihre Liebe nicht dem Gatten, sondern der Ehe gelte. Die Zahl seiner Kinder fest zu begrenzen und eines der nachgeborenen zu töten gilt als schandbar; und mehr vermögen dort die guten Sitten als anderswo gute Gesetze.« (19,1–5)*

[28] Dies könnte eine Polemik gegen Ovids Ratschlag sein, in Briefen an die Angebetete möglichst viel zu versprechen und keine Lüge zu scheuen.

Gerade der letzte Satz passte in die Familienpolitik des Nationalsozialismus. Hier wurde der »jüdische Einfluss« mit dem gleichgesetzt, was Tacitus als Verlust der republikanischen Sittenstrenge in Rom beklagte. Die zögerlichen und unvollständigen Bemühungen der Weimarer Republik um eine größere Gleichberechtigung der Frauen nahmen die Nationalsozialisten sogleich zurück.

Hitler ignorierte die patriarchalische Haltung im Judentum ebenso wie alle historischen Fakten über die Frauenemanzipation. Diese galt ihm als eine »jüdische Erfindung«. Gleichzeitig fürchtete er die konservativen, kinderreichen Familien der jüdischen Minderheit und suchte durch sozialen Druck, ideologische Ermahnung und wirtschaftliche Angebote die »völkische Substanz« zu vergrößern.

Die nationalsozialistische Familienpolitik implantierte die angeblich deutschen Werte mit Zuckerbrot und Peitsche, mit finanziellen Lockmitteln, rigiden Verboten und im Bereich der Eugenik auch mit drakonischem Zwang und traumatischen Inszenierungen. So wurden Grundschulkinder klassenweise durch die geschlossenen Stationen der psychiatrischen Anstalten geführt, um sie für die Idee der »Erbgesundheit« zu gewinnen.

Ab 1934 durften an Universitäten nur noch zehn Prozent der Immatrikulationen an Frauen vergeben werden. In Justiz und höherer Beamtenschaft kam es zu regelrechten Berufsverboten für Frauen.

Ab 1934 durften Ärztinnen keine Praxen mehr eröffnen. Dazu kam, dass der Ehemann in der Ehe alle Entscheidungen treffen konnte. Nach § 1343 des Bürgerlichen Gesetzbuches erlaubte oder verbot er der Ehefrau ihren Beruf. Er bestimmte, an welchem Ort das Ehepaar lebte. Weiter konnte er sich scheiden lassen, wenn sich herausstellte, dass seine Partnerin unfruchtbar war oder sich weigerte, Kinder zu bekommen. Abtreibung wurde streng – bis hin zur Todesstrafe – sanktioniert. Die von Tacitus gepriesene, aber fiktive Sittenstrenge der Germanen wurde drakonisch inszeniert, ein totaler Krieg an der Gebärfront.

Verbreitete Texte wie Johanna Haarers *Die deutsche Mutter und ihr erstes Kind* zeigen, dass die neuen Maximen in der NS-Frauenschaft von den Frauen für einen durchaus willkommenen Gewinn an Einfluss und Macht genutzt wurden. Frauen stilisierten sich als die wahren Heldinnen des Volkes, das ohne ihre Opferbereitschaft dem Untergang geweiht sei. Indem die Frau Deutschland rettet, das ohne sie erlischt, wird der Mann fast überflüssig.

In Haarers Lehren über Geburt, Säuglingspflege und Kindererziehung sind Väter bald lächerlich (etwa im Kreißsaal), bald lästig (etwa durch zu frühe und zu intensive sexuelle Ansprüche), immer aber überflüssig. Die Mutter herrscht über den Haushalt, die Kinder, den Mann. Mag er immerhin hinausziehen ins feindliche Leben; zu Hause hat er nichts zu melden.

Dieses Programm kam bestens an. Gerade unter den Frauen hatte der Nationalsozialismus Zustimmungswerte, die das SED-Regime in der DDR trotz intensiver Propaganda niemals erreichte. Im Jahr 1939 gehörten zwölf Millionen Frauen einem der NS-Verbände an, etwa dem BDM (Bund Deutscher Mädel) oder der NS-Frauenschaft.

Dennoch reagierten die deutschen Familien in ihren praktischen Entscheidungen ganz und gar nicht so, wie es die Propaganda wollte. Die Geburtenrate stieg zwar bis zum Kriegsbeginn, aber die durchschnittliche Kinderzahl pro Familie blieb bei zwei Kindern, sank sogar etwas (von 2,2 auf 1,8). Ehestandsdarlehen, die rund drei Viertel des bisherigen Jahreseinkommens der Frauen ersetzten, wurden bereits 1933 eingeführt. Sie sollten die künftigen Mütter zum Ausstieg aus dem Beruf bewegen. Pro

Kind musste ein Viertel der Summe nicht mehr zurückgezahlt werden.

In Deutschland war der Muttertag (ursprünglich die Erfindung einer amerikanischen Methodistin) 1923 vom Verband Deutscher Blumengeschäftsinhaber zaghaft etabliert worden. Ab 1926 plante die Arbeitsgemeinschaft für Volksgesundung, den Muttertag am zweiten Sonntag im Mai als Feiertag festzulegen. Das NS-Regime setzte diese Pläne um. Am 3. Maisonntag 1934 wurde ein »Gedenk- und Ehrentag der deutschen Mütter« begangen. Die »Mütterweihen« wurden sonntags um 10 Uhr, zur Zeit der christlichen Messe, angesetzt.

Am 21. Mai 1939 – wieder ein Muttertag – wurde zum ersten Mal das »Ehrenkreuz der deutschen Mutter« verliehen. Das Mutterkreuz, wie es bald genannt wurde, galt in der Parteirhetorik als Orden, verliehen für besondere Tapferkeit in der »Geburtenschlacht«, welche über den Bestand eines Volkes entscheide.

Die Auszeichnung war von Adolf Hitler gestiftet worden und wurde für vier Kinder in Bronze, für sechs in Silber und ab acht Kindern in Gold verliehen. »Asoziale« Mütter kamen nicht infrage; wer vorbestraft war, als oppositionell galt oder nicht in einer ordentlichen Familie lebte, ging leer aus und konnte nicht mit den Ehrungen und Vergünstigungen rechnen, in deren Genuss die Trägerinnen kamen. Sie wurden in Behörden bevorzugt bedient, und jedes Mitglied der Hitlerjugend musste vor der Ordensträgerin salutieren.

In ihrer Politisierung des Privaten und der Entwertung der selbstbestimmten Beziehungen zwischen Mann und Frau glichen sich der sowjetische Kommunismus und der deutsche Nationalsozialismus. In beiden Ideologien ging es um Wehrhaftigkeit, politisches Bewusstsein, die Unterordnung persönlicher Gefühle unter staatliche oder parteipolitische Interessen. Das stets etwas anarchische Potenzial von Liebesbeziehungen sollte geschwächt werden. Männer hatten die Macht und trafen die Entscheidungen; sie brauchten keine romantische Anerkennung, keine Ehrentage, wie die deutschen Mütter, die deutschen Mädchen und Frauen.

Nibelungentreue

Wenn alle untreu werden,
So bleiben wir doch treu;
Daß immer noch auf Erden
Für euch ein Fähnlein sei.
Gefährten unsrer Jugend,
ihr Bilder bess'rer Zeit,
Die uns zu Männertugend
und Liebestod geweiht.[29]

Der zweite Mythos, der vom mittelalterlichen Epos bis zur NS-Propaganda das deutsche Lebens- und Liebesgefühl geprägt hat, ist die Geschichte der Nibelungen. Auch hier geht es um Treue: Siegfried kann sein Treuegelöbnis gegenüber Brunhilde nicht halten. Er heiratet Kriemhilde, die Schwester des Nibelungenkönigs Gunther. Dieser hat durch Siegfrieds Täuschung Brunhilde gewonnen, die sich nur mit dem stärksten Helden vermählen will. Gunther kann oder will nicht verhindern, dass Hagen von Tronje Siegfried tötet.

---

[29] »Wenn alle untreu werden, so bleiben wir doch treu« ist die Auftaktzeile eines Liedes von Max von Schenkendorf aus dem Jahr 1814. Er widmete es dem »Turnvater« Friedrich Ludwig Jahn. Die Melodie wurde von einem französischen Jagdlied übernommen. Im SS-Liederbuch stand es nach dem Deutschlandlied und dem Horst-Wessel-Lied an dritter Stelle. Nach dem Krieg wurde Schenkendorfs Lied, anders als Teile des Deutschland-Liedes und das Horst-Wessel-Lied, nicht verboten.

Kriemhilde heiratet den Hunnenfürsten Etzel und plant Rache an dem Mörder.

Als die burgundischen Ritter einer Einladung an Etzels Hof folgen, verlangt Kriemhilde, Siegfrieds Mörder auszuliefern. Die Nibelungen weigern sich. Unter ihnen sind Kriemhildes drei Brüder. Die Rache der gekränkten Ehefrau schont die eigenen Blutsverwandten nicht. In Treue bis zum Tod kämpfen die Nibelungen, bis keiner von ihnen mehr übrig ist.

Der Begriff *Nibelungentreue* wurde in der Zeit des Wilhelminischen Nationalismus von dem rhetorisch gewandten Reichskanzler Bernhard von Bülow[30] gebraucht. Als er ihn 1909 im Zusammenhang mit den Verpflichtungen des Deutschen Reichs gegenüber Österreich-Ungarn einführte, ahnte er noch nicht, dass ebendiese Haltung 1914 den Ersten Weltkrieg auslösen würde, als Kaiser Wilhelm II., ohne selbst angegriffen zu sein, Truppen mobilisierte, um dem bedrängten Österreich beizustehen.

In der NS-Zeit wurde die Nibelungentreue vollends zum Kampfbegriff. *Meine Ehre heißt Treue* lautete der Wahlspruch von Himmlers SS, mit dem er sich gegen die hitlerkritischen Strömungen in der SA absetzen wollte. Treue bis in Tod und Untergang waren für die Führung des NS-Regimes seit 1943 der zentrale propagandistische Mythos, der mit aller Gewalt durchgesetzt wurde.

In *realen* feudalen Gesellschaften wird Treue ebenso oft geschworen wie gebrochen. Als Berufskrieger hatten die Ritter ein rationales Verhältnis zur Lehenstreue wie zum Kampf und waren stets bereit, Ehre gegen Gold zu tauschen. So wurden im Mittelalter die meisten Belagerungen durch Verrat beendet; Bestechung

---

[30] *Fürst Bülows Reden.* In Auswahl hrsg. und mit Einleitung versehen von Wilhelm von Massow, Leipzig 1914, Bd. 5, S. 127f.

konnte noch kurz vor einer Schlacht dazu führen, dass ganze Heeresteile überliefen. Selbst zu der Zeit, als das Nibelungenlied geschrieben wurde, war die »Treue bis in den Tod« ein überwiegend propagandistisches Motiv.

Nach 1945 erinnerten sich die meisten Deutschen nicht mehr an einen Treueschwur, der seinerzeit Teilhabe an der nationalsozialistischen Größenfantasie versprochen hatte. Sie erinnerten sich an unterdrückten Zorn, an Ärger über die Unbequemlichkeiten, an Schattenseiten und Torheiten des Regimes, an Spott und geflüsterte Hitlerwitze. Daraus entstand schnell die Überzeugung, man sei, obwohl pro forma Parteimitglied, *schon immer* gegen die *fanatischen* Nazis gewesen.

Je totalitärer der Anspruch an die Tiefe, Treue und gemeinschaftlichen Werte in einer Beziehung ist, desto weniger können die ihnen widersprechenden Inhalte erlebt werden und desto schwieriger ist es, ein Stück Wirklichkeitsnähe zu gewinnen. Daher klingen Feierreden meist so hohl. In Beziehungen erzeugt der Anspruch an totale Hingabe und Harmonie Unter- und Gegenwelten. Wenn diese an die Oberfläche treten (etwa weil ein Partner sich trennen will), wird deutlich, dass im Hintergrund der bisher gelebten Normalität *schon immer* eine ganz andere Ehe gelebt wurde.

Ein 35-Jähriger, der sich von seiner langjährigen Freundin getrennt hat, weil er ihren Alkoholismus nicht mehr ertrug, sucht mit einem sexuellen Problem Hilfe, von dem er sagt, er wisse gar nicht, ob es eines sei! Die Freundin habe ihn stets als perfekten Liebhaber nicht nur sichtlich empfunden, sondern auch ausdrücklich gefeiert; so beglückende Orgasmen wie mit ihm habe sie nie zuvor erlebt. Nachdem er bereits ausgezogen war, habe sie versucht, die durch ihre Trinkerei zerrüttete Beziehung mit einem sexuellen Angebot zu kitten. Er lehnte das ab, weil er sich nicht wieder in das eben überwundene Chaos zurückziehen lassen wollte. Darauf habe sie ihn als totalen sexuellen Versager beschimpft; sie habe noch nie etwas bei ihm empfunden, sondern ihm schon immer ihre Erregung nur vorgespielt, weil er das für seine Eitelkeit gebraucht habe.

Solche Szenen zeigen, wie sich im Hintergrund eine zweite Beziehungserzählung ausformuliert, die bei passender Gelegenheit an die Oberfläche tritt. Wie bei Vexierbildern ist nicht klar, was »wirklich« auf dem Bild ist; es hängt eben von der Betrachtungsweise ab. Glühende Verehrung und Erlöserprojektion beanspruchen ebenso viel Geltung wie die *schon immer* vorhandene kritische Distanz.

In unserem Erleben nehmen wir die Welt *objektiv* wahr und orientieren uns an diesen Wahrnehmungen, um unsere Wünsche zu erfüllen. Die Wahrnehmungspsychologie belehrt uns hingegen, dass wir unsere Wirklichkeit konstruieren. Unsere Wünsche formen unsere Wahrnehmung; wo Selbstgefühl und Erinnerung nicht zusammenpassen, wird die Erinnerung modifiziert, die Wahrnehmung korrigiert. Das Ausmaß dieser Korrekturen lässt sich kaum überschätzen. Ein Beispiel: Die meisten Schwangeren nehmen jeden Tag viele Male wahr, dass sie ein Kind in sich tragen. Aber es gibt auch ganz normale Frauen, die von einsetzenden Wehen überrascht werden.[31]

---

[31] Die früher als Zeichen einer hysterischen Störung angesehene Nicht-Wahrnehmung einer Schwangerschaft ist inzwischen genauer untersucht und als zwar seltenes, aber auch bei ganz unauffälligen Personen auftretendes Phänomen beschrieben worden. Die körperlichen Veränderungen durch die Schwangerschaft sind in diesen Fällen viel weniger ausgeprägt als sonst, dennoch ist den Kindern nachher nichts anzumerken. Eine Befragte sagte: »Ich war genau vier Stunden schwanger«; so lange dauerte es, bis sie nach der Diagnose der Ursache ihrer heftigen Bauchschmerzen entbunden hatte. Vgl. *ZEIT-Wissen*, März 2014.

Und drinnen waltet …

Der nahezu sakralen Sittenreinheit als Merkmal der deutschen Ehe begegnen wir folgenreich wieder in der Reformation Martin Luthers. In seinen Schriften ist Rom ein Ort des moralischen Niedergangs, dem die deutsche Haltung der Wahrhaftigkeit entgegentritt. Ohne Luther sind die vor allem von Kant und Schiller betonte Idealisierung und ethische Radikalisierung der deutschen Familie nicht denkbar. Der zentrale Gestus der Reformation ist die unerbittliche Verantwortung für den eigenen Glauben. Man kann weder mit Gott noch mit den Menschen über moralische Fragen verhandeln, das ist verabscheuungswürdig. Luther hat die Geste des Tacitus wiederholt und verschärft. Sein spezifisch deutscher Glaube erwuchs aus einer feindlichen, entwertenden Position gegen Rom, das für Taktik, Kompromiss und Ablasshandel stand. Kaiser und Kirche kämpften gegen die Reformation um ihren Machterhalt, um ihre Traditionen. Obwohl auch Luther politische Strömungen aufgriff und für seine Reformation verwertete, war sein Gestus doch der des überzeugten Einzelnen, der allein Gottes Wort gehorcht. Persönliche Rechthaberei im Gegensatz zur Fügsamkeit gegen vorgegebene Rollen und Normen schufen ein neues, folgenschweres Konfliktfeld in den Familien.

Wie andere charismatische Führer steht auch Luther für heftige Kontraste und höchste Ideale, die nur durch geistige und in der Folge oft auch physische Gewalt mit der menschlichen Realität und den gewachsenen sozialen Strukturen verbunden werden konnten. Eine Folge war der Dreißigjährige Krieg auf deutschem Boden. Anders als der Islam, der in einer schwach organisierten Umgebung seinen Siegeszug antrat und binnen weniger Jahrzehnte ein riesiges Reich schuf, hatte die Reformation zwar mächtige Verbündete, aber auch gut organisierte Feinde. Zugleich schuf die

Möglichkeit, große Gruppen der Bevölkerung zu ächten und zur Plünderung freizugeben, ganz neue Möglichkeiten der Kriegführung.

Luther hat durch seine Ablehnung des Zölibats die bürgerliche Familie ebenso in eine Sphäre höchster Sittlichkeit gehoben, wie er umgekehrt dem Klerus den Nimbus nahm, über dem Irdischen zu stehen. Das war ein wichtiger Schritt in der Verinnerlichung von Normen und in der kritischen Distanz zu blind übernommener Tradition. Die Aufklärung hat diesen Beginn fortgeführt; sie ist ohne die Reformation nicht denkbar.

Die rituell inszenierte Form des Gottesdienstes mit Marienbildern, Weihrauch und Heiligenaltären entwerteten die Reformatoren als Götzendienst und Aberglauben. Dadurch gewann ihre Ethik einen strengen, rechthaberischen Zug. Wer sich selbst der Gnadenlosigkeit radikaler Verantwortung unterwirft, wird das auch von den ihm nahestehenden Menschen verlangen. Und er wird, um sein eigenes Versagen vor dem selbstgesetzten Ideal zu entschuldigen, genau kontrollieren, wie weit denn andere in ihrer moralischen Entwicklung gediehen sind.

Das evangelische Pfarrhaus wurde als Muster der idealen deutschen Familie überhöht. Die Gründung deutscher Familienriten, vom gemeinsamen Gesang bis zum geschmückten Weihnachtsbaum, wurde Luther zugeschrieben. Aber im evangelischen Pfarrhaus haben sich auch die Widersprüche von Glaubensmacht und menschlicher Schwäche zugespitzt. An dem Sprichwort »Pastors Kinder – Müllers Vieh gedeihen selten oder nie« lässt sich das ablesen. Der Nimbus einer Pfarrfamilie weckt höchste Erwartungen, welche die Entwicklung der Kinder eher belasten als fördern.

Der Vergleich mit Müllers Vieh spielt darauf an, dass der Müller den besten Zugang zu Kraftfutter hatte und von diesem mehr gab als nötig. Überfüttert mit Moral und Forderungen, Vorbild zu sein, sind Beziehungskämpfe in Theologen-Ehen oft so bitter und erbittert, dass der Beobachter dem Zölibat eine untergründige Überlegenheit in der Vorwegnahme menschlicher Schwäche zuschreiben möchte und diesen Gedanken erst nach kritischer Prüfung wieder verwirft. Öfter habe ich beobachtet, dass gekränkte Partner in Pastoren-Ehen nicht darauf verzichten konnten, ihr Gegenüber zu denunzieren, um es der innerkirchlichen Gerichtsbarkeit auszusetzen.[32] Luther hat noch viel von den Anfechtungen des Teufels gesprochen und so manche rassistische Idee vertreten. Auch als Hexenjäger waren die Protestanten keineswegs milder als die heilige Inquisition.

Die protestantische Ehe ist stärker individualisiert als die katholische. Es gibt mehr Freiheit, mehr persönliche Verantwortung, aber auch weniger Halt von außen. Da sind Schritte in die Moderne angelegt, mit allen Vorzügen und Schattenseiten. Es ging in Luthers Reformation darum, Gottes unverstelltes Wort als Grundlage eines erlösenden Glaubens jedem Deutschen zugänglich zu machen. In seinen Übersetzungen des Neuen und des Alten Testaments hat der Reformator die deutsche Schriftsprache stärker geprägt als jeder andere. Eine Folge davon war, dass die deutsche Ehe ihren Rahmen in der Pragmatik einer wirtschaftlichen Einheit verlor. Sie wurde in den Rang einer existenziellen Verpflichtung ohne Ausreden und Schlupflöcher erhoben.

Die latente Gnadenlosigkeit der protestantischen Ethik irritierte den vielleicht freiesten Geist im Nachdenken über die Liebe.

---

[32] Wenn nachweisbar ist, ein Pastor habe noch während der Ehe ein Verhältnis geführt, wird auch im 21. Jahrhundert noch ein Amtszuchtverfahren eingeleitet. Dieses schadet oft beiden Ehepartnern, weil das Gehalt reduziert oder die Pension gekürzt wird.

Heinrich Heine hat den stark vom Protestantismus geprägten Philosophen Immanuel Kant mit Robespierre verglichen:

> *»Zunächst finden wir in beiden dieselbe unerbittliche, schneidende, poesielose, nüchterne Ehrlichkeit. Dann finden wir in beiden dasselbe Talent des Mißtrauens, nur daß es der eine gegen Gedanken ausübt und Kritik nennt, während der andere es gegen Menschen anwendet und republikanische Tugend betitelt. Im höchsten Grade jedoch zeigt sich in beiden der Typus des Spießbürgertums – die Natur hat sie bestimmt, Kaffee und Zucker zu wiegen, aber daß Schicksal wollte, daß sie andere Dinge abwögen, und legte dem einen einen König und dem anderen einen Gott auf die Waagschale.«*[33]

Heine reagiert hier auf die Rechthaberei, den Geständniszwang und die Unfähigkeit, Mischungen und Unreinheiten zuzulassen. Kants Wurzeln im Protestantismus zeigen sich am deutlichsten in seiner strikten Ablehnung der Lüge, die er auch dann für unzulässig erklärt, wenn sie das Leben eines Dritten schützen würde. Er duldet hier sozusagen kein Gemisch aus Dichtung und Wahrheit, wie es Goethe im Titel seiner Autobiografie andeutet. Die Geschichte hat Heines These unterstrichen. Aus protestantischen Pfarrhäusern sind überzeugte Nationalsozialisten und Mitglieder des deutschen Terrors der RAF hervorgegangen. Die Mythologie der reinen Rasse in den puritanisch geprägten Kolonialmächten bestimmt bis heute das soziale Klima in Nordamerika und Südafrika.

In der Tradition von Heines ironischem Vergleich der evangelischen mit der katholischen Pfarrgemeinde lässt sich auch der katholische Seitensprung mit dem protestantischen vergleichen. Der Katholik erklärt sich das Geschehene erst einmal als ein Zeichen

---

[33] Heinrich Heine: *Sämtliche Schriften*, Bd. 5, S. 595.

der Schwäche des Fleisches oder der Macht einer Verführung. Er beichtet seine Sünde auf keinen Fall dem Partner, eher einem schwerhörigen Franziskaner, der ihm die Absolution erteilt, ohne nachzufragen. Wird die Untreue aufgedeckt, werden heilige Eide geschworen, solchen Versuchungen nie wieder zu erliegen; manchmal wird auch Ablasshandel getrieben – die Frau verzeiht, bekommt aber Diamanten oder Pelze. Wenn das Gegenüber sich beruhigt, ist alles wieder gut, bis zur nächsten Versuchung des allzu schwachen Fleisches.

Anders der protestantische Ehebruch. Er wird nicht selten bereits vor dem Vollzug diskutiert und führt zu heftigen moralischen Kämpfen in der Beziehung, bei denen es etwa um die Frage geht, ob die eheliche Liebe verpflichte, einen Seitensprung zu verzeihen, oder ob es nicht gerade ihr Wesen sei, jeden Seitensprung zu unterlassen. Der Partner soll die Schwäche des Fleisches zusammen mit dem in Versuchung Geratenen problematisieren und entweder verstehen oder wenigstens anerkennen, wie heftig bereits das Leid an den eigenen Schuldgefühlen ist.

Der katholischen Neigung zur Heimlichkeit setzt der Protestant das energische Bekenntnis entgegen. Wenn das Gegenüber nicht rechtzeitig informiert werden kann, etwa bei einer Urlaubsliebe, wird es wenigstens nachträglich in Kenntnis gesetzt, auch wenn die Beziehung schon beendet ist. Das Gewissen lässt es nicht zu, etwas so Wesentliches zu verschweigen. Neben das Geständnis treten *Begründungen*, die vom Partner nicht selten als kränkender erlebt werden denn der Ehebruch selbst.

Typisch für die katholische Erotik ist die Schöpfung von Freiräumen durch Doppelmoral. Der Spruch »Auf der Alm gibt's keine Sünde!« erinnert an die Freizügigkeit einer Idylle, die sich den Blicken der Gemeinde und des Pfarrers entzieht. Solche Freiräume fehlen in der protestantischen Erotik. Sie ist gänzlich von Gewissen durchtränkt. In der außerehelichen Erotik des Katholiken wird die Sünde gebeichtet und dann womöglich wiederholt; in der des Protestanten führt sie zu einem inneren Kampf. Auch wenn die leise Stimme der Vernunft sagt, es sei klüger, den Mund zu halten, erleben die Betroffenen einen wachsenden Druck, den sie nur dadurch loswerden, dass sie entweder gestehen oder die Beziehung beenden und dann beim Gegenüber um Verständnis und Anerkennung für diesen Akt der Selbstdisziplinierung werben.

Wer mit den Partnern spricht, hört oft, dass die quälenden Debatten in keinem Verhältnis zu der Befriedigung durch den Seitensprung stehen. Aber es scheint auch nicht möglich, sie zu beenden oder ohne eine entsprechende Rechtfertigung spontan zu agieren. Was ist geschehen? Wer hat versagt? Wer hat zu wenig Liebe gegeben? Wer war unaufmerksam, wer hat etwas falsch gemacht? Rechtfertigt dieser Mangel den Bruch des Treueversprechens?

Während der Arbeit an diesem Buch stieß ich in einer Zeitschrift auf das Bild einer Porzellanfigur aus dem beginnenden 19. Jahrhundert. Sie stellt den Liebesgott Amor dar, rundlich, fröhlich – und damit beschäftigt, zwei Herzen mit einer Schraubzwinge zusammenzupressen.

Denn wo das Strenge mit dem Zarten,
Wo Starkes sich und Mildes paarten,
Da gibt es einen guten Klang.
Drum prüfe, wer sich ewig bindet,
Ob sich das Herz zum Herzen findet!
Der Wahn ist kurz, die Reu ist lang.

So Schiller in seinem ungefähr gleichzeitig mit dem herzpressenden Amor entstandenen Gedicht *Die Glocke*, einem Kerntext über die deutsche Familie. Generationen von Gymnasiasten haben sich die von Schiller angebotene Verbindung von Arbeitseifer und Familienglück, Fleiß und Warnung vor Revoluzzertum zu Gemüte geführt. Und sie hat Spuren hinterlassen.

Was Schillers Ehebild mit dem verbindet, was hier als »deutsch« herausgearbeitet wird, sind die festen Rollen, in die er die menschlichen Leidenschaften nicht anders gießen möchte als der Meister die Glockenspeise in die fest gemauerte Form.

Die Liebe wirkt wie ein Ideal, das den Keim zur Abwertung als »Wahn« in sich trägt: ein kurzer Rausch, dem eine lange Reue folgt. Die Liebe ist eine einmalige Entscheidung, die richtig sein kann oder falsch. Mit fehlbarem Probieren, Basteln und der Suche nach dem kleineren Übel hat sie nichts zu tun.

Wie viel realistischer und zugleich emotionsnäher ist das italienische Lied *Quant è bello il primo amor, il secondo più bello ancor!* (»Wie schön auch die erste Liebe ist, die zweite ist noch schöner!«).

Wer es in der deutschen Liebe nicht richtig trifft, dem ist kein zweiter Versuch erlaubt. Er ist gescheitert. Überall Stolz und Zucht, Prüfung und Ewigkeit:

Vom Mädchen reißt sich stolz der Knabe,
Er stürmt ins Leben wild hinaus,
Durchmißt die Welt am Wanderstabe,
Fremd kehrt er heim ins Vaterhaus.
Und herrlich in der Jugend Prangen,
Wie ein Gebild aus Himmelshöhn,
Mit züchtigen, verschämten Wangen,
Sieht er die Jungfrau vor sich stehn.
Da faßt ein namenloses Sehnen
Des Jünglings Herz, er irrt allein,
Aus seinen Augen brechen Tränen,
Er flieht der Brüder wilden Reihn.

Die Welt gehört den Knaben, Mädchen gehören ins Haus. Die deutschen Männer, von denen Schiller spricht, empfinden trotz ihres wilden Hinausstürmens die Welt als feindlich, als roh. Ihr gegenüber können sie ihre Männlichkeit beweisen, vor den Frauen fürchten sie sich, sobald sie diese nicht in Angst und Schrecken versetzen können. Diesen Gedanken hat Schiller in dem frühen Gedicht über *Kastraten und Männer* verdeutlicht: Der Mann ist nur da ganz Mann, wo er durch seine Männlichkeit die Frauen erschreckt und so seine Kastrationsängste überkompensiert.

Zu Gottes schönem Ebenbild
Kann ich den Stempel zeigen,
Zum Born, woraus der Himmel quillt,
Darf ich hinunter steigen.
Und wohl mir, daß ichs darf und kann!
Gehts Mädchen mir vorüber,
Rufts laut in mir: Du bist ein Mann!
Und küsse sie so lieber.
Und röter wird das Mädchen dann,
Und 's Mieder wird ihr enge –
Das Mädchen weiß, ich bin ein Mann,
Drum wird ihr's Mieder enge.
Wie wird sie erst um Gnade schrein,
Ertapp ich sie im Bade?
Ich bin ein Mann, das fällt ihr ein,
Wie schrie sie sonst um Gnade?
Ich bin ein Mann, mit diesem Wort,
Begegn' ich ihr alleine,
Jag ich des Kaisers Tochter fort,
So lumpicht ich erscheine.

Während sich der Knabe losreißen darf und das Mädchen zu Hause bleiben muss, ist es in der Ehe um eine Nuance anders: Seine Pflicht zwingt den Mann hinaus ins Feindliche, während die Hausfrau *drinnen waltet*. Es ist jetzt eine klare Machtverteilung, die Frau hat draußen nichts zu suchen, der Mann drinnen nichts zu sagen. Familienpolitisch war Schiller ganz auf der Linie der Nationalsozialisten, obwohl Hitler 1941 verbot, den *Wilhelm Tell* aufzuführen.

Ach! des Lebens schönste Feier
Endigt auch den Lebensmai;
Mit dem Gürtel, mit dem Schleier
Reißt der schöne Wahn entzwei.
Die Leidenschaft flieht,
Die Liebe muß bleiben;
Die Blume verblüht,
Die Frucht muß treiben.
Der Mann muß hinaus
Ins feindliche Leben,
Muß wirken und streben
Und pflanzen und schaffen …
Und drinnen waltet
Die züchtige Hausfrau,
Die Mutter der Kinder,
Und herrschet weise
Im häuslichen Kreise,
Und lehret die Mädchen
Und wehret den Knaben,
Und reget ohn Ende
Die fleißigen Hände,
Und mehrt den Gewinn.
Mit ordnendem Sinn.

Der Dichter verbindet das Tun des Mannes durchweg mit dem Wörtchen *muß*, während die Frau ohne diesen Zusatz *waltet, herrschet, lehret, wehret, reget* und *mehrt*. Der soziale Druck lastet auf den Männern. Die Frauen gehören in einen beschützten Bereich, während draußen die Männer untereinander kämpfen.

Hier spiegelt sich Schillers Ehe. Er hat, selbst aus kleinbürgerlichem Hause, eine Adelige geheiratet. Der Aufsteiger steht unter Druck. Er muss sich beweisen und zwingt sich zu rastloser Aktivität in einer Welt, die er als feindlich empfindet. Schiller war ehrgeiziger, getriebener als der Großbürgersohn Goethe. Er stand mehr als dieser für das aufstrebende deutsche Kleinbürgertum und wurde deshalb von diesem auch stets heiß geliebt und verehrt, während sich die Intellektuellen über ihn lustig machten.

»Über ein Gedicht von Schiller, das Lied von der Glocke, sind wir gestern Mittag fast von den Stühlen gefallen vor Lachen, es ist à la Voss, à la Tieck, à la Teufel, wenigstens um des Teufels zu werden«, kommentierte Caroline Schlegel, selber alles andere als eine drinnen waltende, züchtige Hausfrau.

Doch den sichern Bürger schrecket
Nicht die Nacht,
Die den Bösen gräßlich wecket;
Denn das Auge des Gesetzes wacht.
Heilge Ordnung, segenreiche
Himmelstochter, die das Gleiche
Frei und leicht und freudig bindet,
Die der Städte Bau begründet,
Die herein von den Gefilden
Rief den ungesellgen Wilden,
Eintrat in der Menschen Hütten,
Sie gewöhnt zu sanften Sitten,

Und das teuerste der Bande
Wob, den Trieb zum Vaterlande!

Die Ehe ist vom Trieb befreit, ein Pflicht- und Arbeitsbündnis. Nach einer Tauchfahrt kommt der Trieb wieder an die Oberfläche: als nationale Größenfantasie. In Schillers Liebesbild dominieren Treue und Verzicht; die erotische Liebe ist ein »schöner Wahn«, erst aus Scham vermieden, später um der Pflichterfüllung, der Sorge um Haus, Hof und Kinder willen hintangestellt.

Eine deutsche Liebe in Briefen[34]

Ja, Wilhelmine, wenn Du mir könntest die Freude machen,
immer fortzuschreiten in Deiner Bildung mit Geist und Herz,
wenn Du es mir gelingen lassen könntest, mir an Dir eine Gattin zu formen,
wie ich sie für mich, eine Mutter, wie ich sie für meine Kinder wünsche,
erleuchtet, aufgeklärt, vorurteilslos, immer der Vernunft gehorchend,
gern dem Herzen sich hingebend.[35]

Für eine Untersuchung über die deutsche Art zu lieben sind Kleists Texte eine Fundgrube. Das gilt vor allem für die Briefe an seine Verlobte Wilhelmine von Zenge, in denen das von Niklas Luhmann anhand französischer Quellen beschriebene Phänomen der »Liebe als Passion« eine ganz eigene Färbung gewinnt.

---

34 Der folgende Text stützt sich in vielen Teilen auf Wolfgang Schmidbauer: *Kleist. Die Entdeckung der narzisstischen Wunde*, Gießen 2011.

35 Brief Heinrich von Kleists aus Würzburg an Wilhelmine von Zenge vom 14. September 1800, zit. nach Karl Martin Schiller (Hrsg.): *Heinrich von Kleist. Werke und Briefe*, Leipzig 1926, Bd. 4, S. 115.

»Es gibt keine Bagatellen in der Liebe; Betonung der Pflichterfüllung ist mit Liebe unvereinbar; man muß nicht nur alles tun, was verlangt wird, man muß zuvorkommen. Der deutsche Idealismus hätte gesagt: sich das Weltverhältnis des anderen zu eigen machen, das heißt: mitgenießen. Auch der hohe Grad an Verbalisierung der Liebesverhältnisse belegt diese These. Liebende können unermüdlich miteinander reden, weil alles Erlebte mitteilenswert ist und kommunikative Resonanz findet.«[36]

Kleist geht in seinen ersten Analysen der Liebe raffinierter vor als der Soziologe. Während Luhmann die Kommunikation zwischen den in ihrer Substanz nicht veränderten Männern und Frauen zur Grundlage seines Modells macht, konzipiert Kleist zwei kühnere Sichtweisen: Er sieht in der Liebe eine Kraft, die Menschen verändert, ähnlich wie das Freud später in *Massenpsychologie und Ich-Analyse* formuliert hat. Und er erweitert das Modell der vorweggenommenen Erfüllung, bis er sich dem Paradox des egoistischen Altruismus nähert.

In einem Brief an Wilhelmine beschreibt Kleist die Hingabe seines Freundes Ludwig von Brockes auf der Reise nach Würzburg und zählt dessen zuvorkommende Liebesbeweise auf:

»Er vergaß sein ganzes eigenes Interesse und … er opferte 600 Rtlr von seinem eigenen Vermögen mir zu folgen und uns beide glücklich zu machen … wenn wir beide in den Postwagen stiegen, so nahm er sich immer den Platz, der am wenigsten bequem war. Von dem Stroh, das zuweilen in den Fußboden lag, nahm er sich nie etwas, wenn es nicht hinreichte, die Füße beider zu erwärmen. –

---

[36] Niklas Luhmann: *Liebe als Passion. Zur Codierung von Intimität*, Frankfurt am Main 1986, S. 200.

Wenn ich in der Nacht zuweilen schlafend an seine Brust sank, so hielt er mich, ohne selbst zu schlafen. – Wenn wir in ein Nachtquartier kamen, so wählte er für sich immer das schlechteste Bett. – Wenn wir zusammen Früchte aßen, blieben immer die schönsten, saftvollsten für mich übrig.«[37]

Kleist schließt mit einem nachdenklichen Passus, der seine Kunst der dramatischen Inszenierung von Liebesübertreibungen andeutet und Luhmanns These ironisch auflöst:

»Denn wahre Uneigennützigkeit zeigt sich in dem Talent, sich durch den Eigennutz anderer nie gekränkt zu fühlen, ebensogut, ja selbst noch besser als in dem Talent, ihm immer zuvorzukommen. Daher klage den anderen nie um dieser Untugend an. Wenn er dein freiwilliges Opfer nicht versteht, so schweige und zürne nicht, und wenn er ein Opfer von dir verlangt, vorausgesetzt, daß es nur möglich ist, so tue es, und er mag es dir danken oder nicht, schweige wieder und zürne nicht. – Oh Wilhelmine! Gibt es etwas, das Dich mit so hohen Erwartungen in Deine neue Epoche einführen kann als diese herrlichen Vorsätze? Ich freue mich darauf, daß ich Dich nicht wiedererkennen werde, wenn ich Dich wiedersehe. Auch Du sollst besser mit mir zufrieden sein. Adieu. Dein Geliebter H. K.«[38]

Als spezifische Eigenschaften einer deutschen Art zu lieben wurden die *Sehnsucht nach Ununterscheidbarkeit,* die *totale Harmonie* und die ethisch-pädagogische *Bewertungsfreude* beschrieben. Wo sich in anderen europäischen Kulturen das Ich in der Liebe verwirklicht

---

[37] Brief vom 31. Januar 1801 an Wilhelmine von Zenge, zit. nach Schiller, *Heinrich von Kleist*, Bd. 4, S. 177f.

[38] Ebda., S. 180.

und die Liebe die Geschlechterunterschiede betont, strebt die deutsche Liebe schon früh nach romantischer Auflösung des Ich und nach totaler Harmonie. Und diese Haltung wird im 20. Jahrhundert verstärkt, als die Demütigungen der beiden Weltkriege mit ihren wirtschaftlichen und sozialen Folgen das deutsche Selbstgefühl verletzen und es nach Ausgleich in einer besonders heilen, harmonischen, symbiotischen Ehe- und Familienwelt greifen lassen.

Luhmann hat Liebes- und Briefromane, Traktate und Ratgeber des 17. und 18. Jahrhunderts untersucht. Auf ihnen baut er seine Vorstellung über Liebe als Passion auf. Zwar müssen sich die Partner gegenseitig lieben, aber Liebe darf kein Handel sein. Liebe darf keine Regeln kennen außer denen der Liebe selbst. Luhmann behauptet nicht ohne Ironie, das 18. Jahrhundert habe eine Lösung für die extrem widersprüchlichen und verwirrenden Funktionen der Liebe als Grundlage einer Ehe gefunden: Liebe ist inkommunikabel, unverständlich, nicht in Worte zu fassen. Sie hat sich zu einer Passion gewandelt. Wir sind Opfer der Liebe, wie Kleist sagt: Herzen werden *geraubt*, nicht verschenkt, getauscht oder verliehen.

Kleist gelingt es in den Brautbriefen, seine Ängste vor realem Kontakt und die in ihnen wurzelnde Sehnsucht nach idealer Verschmelzung zu kleinen psychagogischen Alltagstragödien zu formen, in denen er in der Führung und Belehrung Wilhelmines sich selbst zu greifen und zu führen sucht. Den immer wieder spürbaren, bald als Erhebung, bald als Last empfundenen Adelsstolz verwandelt er in eine Art Seelenadel, ein Schachzug, dessen sich die preußische Standesgesellschaft noch später bediente: »… denn das Gemeine kann man nur brauchen, nur das Edlere kann man lieben, und nur die Liebe macht das Leben süß.«[39]

---

[39] Brief vom 11./12. Januar an Wilhelmine von Zenge, zit. nach Schiller, *Heinrich von Kleist,* Bd. 4, S. 164.

Sicher hat Kleist nach Homosexualität ebenso getastet wie nach seiner Verlobten, sicher tat er das verschwiegener, heimlicher als gegenüber Wilhelmine, aber eine erotisch erfüllte und beruhigende Beziehung hat er weder zu Frauen noch zu Männern gefunden. Umso radikaler sind die von ihm gewonnenen Einsichten. Der Dichter konzentriert sich auf den Widerspruch zwischen Idealisierung und Alltag bzw. Triebbefriedigung. Letztere wäre erst erlaubt, wenn die Wertfragen perfekt geklärt seien; da dies nicht gelingen könne, sei auch der Liebesgenuss verwehrt.

Kleists heroische Auffassung von der Liebe hängt mit der Kompensation persönlicher und kollektiver Erniedrigungen zusammen. Er selbst hat das »Käthchen von Heilbronn«, für das durch Demut und Opferwillen ein schicksalhafter Liebeswahn in Erfüllung geht, als Seelenverwandte Penthesileas beschrieben, die durch ihre heroische Unbedingtheit ihren Geliebten und sich selbst tötet. Das dritte Drama im Bunde ist die Hermannsschlacht, in der die deutsche Liebe zwischen Arminius und Thusnelda über die römischen Verführungen ebenso triumphiert wie der *furor teutonicus* in der Schlacht über den römischen Dünkel.

* * *

Heinrich von Kleist wird 1777 in Frankfurt an der Oder geboren. Seine Kindheit belasten Sorgen: Der Vater ist ein gebrochener Mann, wegen angeblichen Betrugs in der Militärverwaltung in Ungnade gefallen; er stirbt 1788. Die Mutter zwingt ihren Erstgeborenen in eine frühe Selbstständigkeit und schickt ihn auf ein militärisches Internat. Sie stirbt im Februar 1793, Kleist ist kaum 16 Jahre alt.

Als blutjunger Kadett nimmt Kleist an Schlachten teil, dient später zwei Jahre als Leutnant und reicht dann seinen Abschied ein. Er immatrikuliert sich in seiner Geburtsstadt und studiert Naturwissenschaften. Dabei verliebt er sich in Wilhelmine von

Zenge, die drei Jahre jünger ist als er, und verlobt sich im Mai 1800 mit ihr.

Sobald Kleist eine sichere Anstellung habe, dürfe er heiraten, bescheiden ihn die Eltern Wilhelmines. Er schreibt ihr fast täglich einen Brief und möchte sie nach seinen Vorstellungen formen. Diese Briefe sind erhalten, während Wilhelmines Antworten fast alle verloren sind.

Kleistforscher haben für die Brautbriefe wenig Verständnis aufgebracht. Penetrante Schulmeisterei wird ihrem Verfasser ebenso vorgeworfen wie psychische Marter der Verlobten, Egomanie, patriarchalisches Bewusstsein, Brutalität und Monstrosität. Jens Bisky, der diese Urteile gesammelt hat, fasst zusammen: »Während Kleists dichterisches Genie uneingeschränkte Bewunderung genießt und selbst sein grausames Ende Verständnis gefunden hat, empören sich die redlichen Interpreten der Gegenwart beinahe unisono darüber, welchen Ton er gegenüber Wilhelmine anschlug.«[40]

Manischer Überschwang – zu Kleists Zeit Exaltation, Überspanntheit, Begeisterung, inneres Feuer genannt – hängt mit der Illusion zusammen, in einem Gegenstand des Erlebens – einer Liebesbeziehung, einer wirtschaftlichen Idee, einem künstlerischen Werk, einem Lebensplan – endlich *Ich und Welt* vereint zu sehen, die ursprüngliche (und traumatisch enttäuschte) Verbindung mit dem ersten Liebesobjekt und dessen Allmachtsqualitäten herzustellen.[41]

---

[40] Jens Bisky: *Kleist. Eine Biographie*, Berlin 2007, S. 71f.

[41] Wie aus Kleists Briefen deutlich wird, z.B. am 5. Februar 1801 an seine Halbschwester Ulrike, als er daran verzweifelt, Beamter zu werden, um Wilhelmine heiraten zu können. Kleist beschreibt, wie er beschloss, sein Zimmer nicht zu verlassen, bis über einen Lebensplan entschieden wäre, und darüber acht Tage vergingen. Kleists Neigungen, im Bett zu bleiben, ein Zimmer nicht zu verlassen, sich selbst für schwer krank zu erklären, sind Chiffren seiner Depressionen.

Der 23-jährige Kleist, schwankend zwischen seiner Sehnsucht nach einer ganz eigenen künstlerischen Ordnung seiner Welt und dem Druck, in ein Amt zu gelangen, um seine Verlobte heiraten zu können und in eine geordnete Familie mit drei Kindern zu finden,[42] hat dieses Dilemma auf seiner Reise nach Würzburg beschrieben:

> *»Ich ging an jenem Abend vor dem wichtigsten Tage meines Lebens in Würzburg spazieren. Als die Sonne herabsank, war es mir, als ob mein Glück unterginge. Mich schauerte, wenn ich dachte, daß ich vielleicht von allem scheiden müßte, von allem, was mir teuer ist. Da ging ich, in mich gekehrt, durch das gewölbte Tor sinnend zurück in die Stadt. Warum, dachte ich, sinkt wohl das Gewölbe nicht ein, da es doch keine Stütze hat? Es steht, antwortete ich, weil alle Steine auf einmal einstürzen wollen – und ich zog aus diesem Gedanken einen unbeschreiblich erquickenden Trost, der mir bis zu dem entscheidenden Augenblicke immer mit der Hoffnung zur Seite stand, daß auch ich mich halten würde, wenn alles mich sinken läßt.«*[43]

Ordnungsliebe ist die preußisch-deutsche Leidenschaft schlechthin. Kleist verstand sehr viel von dem Konflikt zwischen Ordnung und Chaos, Gesetz und Leidenschaft. Es ist schon etwas sehr Besonderes, einen Text wie den über das Würzburger Gewölbe an eine

---

[42] »Ich gehe in 10 Kirchen und besehe diese Stadt von allen Seiten und sehe doch nichts als ein einziges Bild – Dich, Wilhelmine, und zu Deinen Füßen zwei Kinder und auf Deinem Schoße ein drittes und höre, wie Du den Kleinsten sprechen, den mittleren fühlen, den größten denken lehrst.« Kleist an Wilhelmine aus Würzburg, 10. Oktober 1800.

[43] Brief an Wilhelmine von Zenge vom 16. November 1800, a. a. O.

Verlobte zu schreiben. Kleist kann in einem poetischen Bild das Chaos seiner Gefühle ordnen, schließt aber gleichzeitig die Verlobte aus.

Wilhelmine war die Tochter des Generals August Wilhelm Hartmann von Zenge, der ein Regiment der preußischen Armee führte, welches in Frankfurt an der Oder stationiert war. Kleists jüngerer Bruder Leopold war Offizier in diesem Regiment und kam beinahe täglich mit seinen Schwestern zur Familie Zenge.

Als Kleist seinen Abschied als Gardeleutnant genommen hatte und in Frankfurt studierte, wurde er in diesen Kreis aufgenommen. Wilhelmine beschreibt Leopold von Kleist als lebhaft und witzig, Heinrich aber als verschlossen und distanziert. Erst als der Bruder nach Potsdam versetzt wurde, gesellte sich Heinrich intensiver zu den jungen Frauen.

»Wir fanden aber alle, daß er die Stelle des Bruders nicht ersetze, denn er war sehr melancholisch und finster, und sprach sehr wenig. Bald aber begleitete er uns auf allen Spaziergängen, kam mit seinen Schwestern auch zu uns, spielte und sang mit mir, und schien sich in unserer Gesellschaft zu gefallen. Damals hörte er Experimentalphysik bei Dr. Wünsch, wovon er uns gewöhnlich nach dem Collegia mit großem Interesse unterhielt; auch wir nahmen so lebhaft Anteil an allem, was er uns darüber sagte, daß seine Schwestern, wir, und noch einige Mädchen aus unserem Kreise zu dem Dr. Wünsch gingen und ihn baten auch uns Vorlesung zu halten. Dies geschahe, und wir waren sehr aufmerksame Zuhörerinnen, repetierten mit unserem Unterlehrer, dem Herrn von Kleist, und machten auch Aufsätze über das, was wir hörten. Als Kleist einen Abend die Aufsätze von seinen Schwestern gelesen hatte, bat er mich, ihm auch den meinigen zu

zeigen; ich tat es, und er fand ihn gut, nur sehr fehlerhaft geschrieben.«[44]

Kleist erbittet die Erlaubnis, Wilhelmines Sprache nach seinen Vorstellungen zu verbessern und umzumodeln. Er schreibt aus diesem Grund die wichtigsten Sprachregeln für sie auf – und irgendwann ist ein Liebesgeständnis dabei. Wilhelmine berichtet:

»Einen Abend, als ich bei Kleist war, gab er mir einen ähnlichen Aufsatz, wie gewöhnlich in ein weiß Papier geschlagen, doch wie erstaunte ich, als ich es zu Hause öffnete und darin von ihm einen Brief fand, worin er mir sagte, daß er mich schon lange herzlich liebe und ich ihn durch meine Hand sehr beglücken könne.«[45]

Wahrscheinlich hat Kleist Wilhelmine nur wenig als Frau mit emotionalen Bedürfnissen, die anders waren als die seinen, wahrgenommen. Der Mann, von dem Wilhelmine träumt, ist anders als Kleist. Sie käme aber nie auf den Gedanken, Kleist nach ihm zu formen, obwohl er es ihr anbietet. Für ihn hingegen wird dieses Projekt während der nächsten Jahre lebenswichtig.

»Ich hatte ihn immer sehr unbefangen behandelt, und war ihm gut wie einem Bruder, doch liebte ich ihn nicht, und erstaunte über seine Erklärung, da ich vorher auch nicht das Geringste davon geahndet hatte, sondern immer glaubte, er zöge meine Schwester Lotte mir sehr vor. Louisen machte ich zu meiner Vertrauten und gestand ihr, daß ich ihm gut sei, doch wäre er gar

---

[44] Wilhelmine von Zenge an Prof. Krug (1803), zit. nach Helmut Sembdner: *In Sachen Kleist. Beiräge zur Forschung*, Heilbronn 2014, S. 37 (Kleist-Archiv Sembdner).

[45] Ebda., S. 37f.

nicht der Mann nach meinem Sinn. Den anderen Tag schrieb ich ihm, daß ich ihn weder liebe, noch seine Frau zu werden wünsche, doch würde er mir als Freund immer recht wert sein.«[46]

Kleist war durch die Absage außer sich und reagierte mit einem zweiten Brief. Wilhelmine wollte diesen nicht annehmen. Kleist ließ nicht locker. Er wurde, wie Käthchen von Heilbronn, zum Stalker, verfolgte die Widerspenstige auf ihren Spaziergängen, als hätte sie ihn verhext, bat tränenden Auges, den Brief zu nehmen, bis er endlich Erfolg hatte. In diesem zweiten Brief fragte er Wilhelmine, was sie an ihm auszusetzen habe. »Er versicherte, ich könnte aus ihm machen was ich wolle, ich möchte ihm nur sagen wie er meine Liebe gewinnen könne.«[47]

Wilhelmine soll Kleist bessern, soll ihm den Mann schildern, der sie glücklich machen könnte. »Er gab sich so viel Mühe diesem Bild ähnlich zu werden, daß ich ihm endlich erlaubte an meine Eltern zu schreiben, und ihm meine Hand versprach, sobald sie einwilligten.«[48]

Während die Eltern Wilhelmines und diese selbst pragmatisch klären wollten, ob und wann Kleist eine Familie standesgemäß ernähren könne, geht es dem Dichter um eine ganz andere Frage, nämlich, wie die ideale, die richtige Liebe aussieht. Kann er Wilhelmine so formen, dass sie in seine Vorstellungen passt? Kann er sich selbst so formen, dass er sich in ihre Vorstellungen fügt? Gibt es neben der inneren Überzeugung, sich zu bemühen, auch eine objektive, unumstößliche Sicherheit, dass diese Liebesbeziehung *richtig* ist?

---

46 Ebda., S. 38.

47 Ebda.

48 Ebda.

»Kleists leidenschaftliche Liebe verlangte von seiner Braut zuletzt, daß sie nichts freuen sollte, als was sich auf ihn bezog, und es verging selten ein Tag, an dem er nicht über einen Mangel an Liebe gegen sie zu klagen hatte. Wiewohl er Haus an Haus mit ihr wohnte und sie täglich sah, schrieb er ihr beinahe täglich die leidenschaftlichsten Briefe.«[49]

Solange Kleist an Wilhelmine schreibt, wie sehr er sie brauche und warum sie ihm ihre ganze Aufmerksamkeit schenken und niemandem sonst etwas von dieser Aufmerksamkeit abgeben solle, fühlt er sich nicht allein und spürt nicht, wie sehr ihn das Leben selbst verletzt.

»Wenn er aus dem Collegia kam, so beschäftigte er sich eine Stunde mit mir. Er gab mir interessante Fragen auf, welche ich schriftlich beantworten mußte, und er korrigierte sie. Er gab mir nützliche Bücher zu lesen, und ich mußte ihm meine Urteile darüber sagen, oder auch Auszüge daraus machen. Er las mir Gedichte vor, und ich mußte sie nachlesen oder französisch übersetzen. Auch schärfte er meinen Witz und Scharfsinn durch Vergleiche, welche ich ihm schriftlich bringen mußte.«[50]

In Wilhelmines Bericht rührt den Leser ihr Bemühen, ihre eigene ängstliche Gutherzigkeit auch Kleist zu unterstellen und jede Kritik an ihm sogleich durch Gegenargumente zum Schweigen zu bringen. Sie will ganz für ihn leben und unterstellt ihm, dass er dasselbe mit ihr tun möchte. Wenn sie zu erkennen glaubt, dass er

---

49 Eduard von Bülow (Hrsg.): *Heinrich von Kleist's Leben und Briefe*, Berlin 1848, S. 23 (Kleist-Archiv Sembdner der Stadt Heilbronn).

50 Wilhelmine von Zenge an Prof. Krug (1803), zit. nach Sembdner, *In Sachen Kleist*, S. 39.

dem Ideal von Mann, welches sie sich entworfen hat, doch nicht entspricht, »so dachte ich, es gibt vielleicht keinen besseren. Alles, was er an mir tadelte, suchte ich fortzuschaffen, jeden Wunsch, den er äußerte, suchte ich zu erfüllen, und alles, was ich dachte und tat, bezog ich auf ihn.«[51]

Wilhelmine erträgt es, dass Kleist sie verlässt und nach Berlin zieht; sie hofft noch, dass er ein Amt finden und sie zu sich holen wird. Aber Kleist kann keine abhängige Stellung ertragen: »Als nun eines Tages sein Vorgesetzter ihm ein langweiliges Buch von vielen Bänden mit dem Auftrage gab, es durchzulesen und ihm einen Bericht darüber zu machen, war sein Entschluß gefaßt, er wollte fort.«[52]

Aus Kleists Brautbriefen spricht ein wachsender Druck, endlich seine sexuellen Wünsche in einer festen Beziehung unterzubringen. Gleichzeitig wachsen seine Ängste vor der körperlichen Nähe. Die Zuflucht, die darin besteht, zunächst einmal den idealen Rahmen zu schaffen, erschöpft sich allmählich. Die Unsicherheit und Ungewissheit hinsichtlich seiner Beziehung zu Wilhelmine und seiner beruflichen Zukunft sowie die Flucht nach Paris belegen den wachsenden Zweifel des Dichters am Gelingen dieser Pläne.

Wilhelmine von Zenge lässt sich sowohl als letzte Liebe des Dichters deuten wie auch als sein erstes Kunstwerk. Sie ist auch so etwas wie ein Dichtwerk, nicht in Sprache allein, sondern in Sprache an Frau, Wortkunst, gerichtet an eine einzige Leserin, welche die Welt und das Streben nach Weltruhm in sich einschließt.

Tragischerweise war Kleist emotional so unfrei, dass er ohne die Verschmelzung mit einem zweiten Ich die Angst vor sexueller Erre-

---

51 Ebda.

52 Ulrike von Kleist, zit. nach ebda., S. 49.

gung nicht überwinden konnte, auf der anderen Seite fürchtete er aber wohl genau diese Verschmelzung.

Eine andere Frau als Wilhelmine, mit der ihn eine intensive und lange Bildungsgeschichte verband und die zumindest versucht hatte, sich zu einem Doppelgänger Kleists zu formen, kam nicht infrage. Aber eben diese Doppelgänger-Frau war zum Depot seiner eigenen Perfektionsvorstellungen geworden und daher ganz und gar nicht in der Lage, ihm in sein selbst gewähltes Exil zu folgen, mit ihm durch dick und dünn zu gehen und ihn von seinen sexuellen Ängsten zu erlösen.

Andere Autoren haben solche lebensrettenden Musen gefunden. Kleist scheiterte an Wilhelmines Familienbindungen, an ihrer Jugend, vielleicht sogar an seinen eigenen Vorgaben für sie. In Kleists Erleben verwandelte sich der rettende Engel zuerst in den Cherub, der das Tor zum Paradies bewacht, später in einen Todesengel. Der Dichter hätte wohl noch eine Weile gelebt, wäre er nicht Henriette Vogel begegnet, die – wie er selbst – aus dem Leben scheiden, aber nicht alleine Selbstmord begehen wollte.

Wer Wilhelmines Reflexionen über das Ende ihrer Beziehung mit Kleist liest, ist immer wieder erstaunt über die Darstellungskraft und die Tiefe der Einsichten dieser Frau, die damals 23 Jahre alt ist. Sie war durch eine gute Schule gegangen und hatte schnell gelernt:

> *»Meine Hoffnung, und die Erwartung von einer frohen Zukunft, waren schon längst in mir gesunken, ich sagte mir es oft daß ich mit dem Manne nie glücklich sein würde, da ich nicht imstande war, ihn glücklich zu machen. Doch wollte ich mein Wort halten und mich ganz für ihn aufopfern. Ich war ihm soviel Dank schuldig, und nahm so innig Anteil an allem was ihn betraf, daß ich wenigstens hoffte ihn wo nicht beglücken doch aufheitern zu können. Ich kannte seine Wünsche und wußte mich so gut in seinem sonderba-*

ren Wesen zu schicken, daß ich überzeugt war, es könnte außer mir kein weibliches Wesen mit ihm fertig werden.«[53]

Es mit einem Mann auszuhalten, mit dem es sonst keine Frau aushält, seine Launen hinzunehmen, der Bewunderung über die eigene Pflichterfüllung, den so bezeugten Opfermut sicher, festigt ein zerbrechliches weibliches Selbstgefühl.

Kleist gesteht diesem erschriebenen Selbstobjekt, dass er die reale Wilhelmine nicht so liebt, wie sie ist; »wäre ein Mädchen noch so vollkommen, ist sie fertig, so ist sie nichts für mich. Ich selbst muß sie formen und ausbilden.« Er muss sie prüfen, um nicht betrogen zu sein, wie ein »Wechsler die Echtheit der Banknote«.[54] Er muß, je näher er Wilhelmine kommt, umso energischer alle Aspekte der Beziehung kontrollieren.

Je mehr er dies versucht, desto deutlicher wird aber auch, dass dieses Unternehmen nicht gelingen kann. Je mehr wir uns dem Objekt nähern, desto gefährlicher und überwältigender wird seine Andersartigkeit.

Indem Kleist versuchte, die Begegnung mit der realen Wilhelmine durch die Fiktion des gemeinsamen Bemühens um Bildung und Wissen zu ersetzen, baute er eine Festung auf, in der er schon längst einsam war, während er sich noch glauben machte, Wilhelmine warte darauf einzuziehen. »Nur dann könnte und müßte ich gleichgültig gegen Dich werden, wenn die Erfahrung mich lehrte, daß der Stein, den ich mit meiner ganzen Seele bearbeite, den Glanz aus ihm hervorzulocken, kein Edelstein wäre.«[55]

---

[53] Wilhelmine von Zenge, zit. nach ebda., S. 55.

[54] Karl Martin Schiller: Einleitung zu *Heinrich von Kleist. Werke und Briefe*, Leipzig 1926, Bd. 1, S. 13. Vgl. auch Bd. 4., S. 165, Brief vom 11./12. Januar 1801.

[55] Brief an Wilhelmine von Zenge vom 11. Januar 1801, zit. nach ebda., Bd. 4, S. 164.

Menschen können komplexe Gefühle zu einem mehr oder weniger festen Gebilde zusammenfassen, das sie als Liebe erleben und nach außen und innen so darstellen. Aber die innere Festigkeit dieser Gefühle, die Überzeugung, gut genug lieben zu können, ist weniger stabil, als es sich die Menschen wünschen, und weit mehr von äußerer Bestätigung abhängig, als es sich viele eingestehen.

Kleist sehnt sich nach einer Liebes-Besessenheit, nach dem Raub seines Herzens. Diesen Zustand hat er später in seinen zwei großen Liebes-Tragödien literarisch bewältigt.

Wie der Ritter das Käthchen, so soll Wilhelmine ihn mit magnetischer Kraft anziehen und seine Gefühle zu der eindeutigen Liebe ordnen, die er so ersehnt und so wenig finden kann. Die Pflicht reicht nicht aus, ihm Halt zu geben; das Gefühl aber lässt sich nicht so fassen und festhalten, wie es sein müsste.

Dieses Liebeskonzept gehört nicht nur in die Epoche des Widerspruchs zwischen der feudalen Tradition und der individualisierten Liebe. Es steht auch für die deutsche, die selbstunsichere und diese Unsicherheit überkompensierende Nation in der Mitte Europas. In anderen Nationen genügt es, geliebt zu werden; Deutsche aber wollen *verstanden* werden.

Es ist nur konsequent, dass Kleist die Beziehung zu Wilhelmine ebenso abrupt beendet, wie er sie begonnen hat. Als die 22-Jährige zögert, gegen den entschiedenen Wunsch ihrer Eltern als Bäuerin auf einem kleinen Hof in der Schweiz zu leben, bricht Kleist den Kontakt zu ihr ab – er habe angesichts dieser Enttäuschung ihr Bild aus seinem Herzen gerissen, erklärt er später.

Wer ein Gegenüber der Lieblosigkeit bezichtigt, macht sich selten bewusst, wie viel eigene Lieblosigkeit diese Anklage verrät. Das Vermögen, den eigenen Beitrag im Scheitern einer Liebesbeziehung wahrzunehmen, ist oft sehr schwach ausgeprägt, verglichen mit der Aufmerksamkeit und Energie in Bezug auf die Mängel des

Partners oder der Partnerin. Statt über eigene Schwächen nachzudenken, geht es nur um die rhetorische Bemühung, einem Gegenüber Versagen in Liebespflichten klarzumachen.

Kleists quälend hellsichtige Analyse der wechselseitigen Abhängigkeit seiner und der Liebesgefühle Wilhelmines kündigt an, was auf die deutschen Paare zukommen wird. Seine Brautbriefe sind ein Lehrstück für die Zukunft. Kleist schildert ohne Gnade für Wilhelmine, aber auch für sich selbst, was den Paaranalytiker heute beschäftigt. Einerseits soll die Liebesentscheidung autonom sein, anderseits fühlen sich die meisten Menschen überfordert angesichts der Aufgabe, ihr sexuelles Erleben alleine zu regulieren und zu verantworten.

Lange bevor ich mich mit Kleists Brautbriefen beschäftigte, drängten sich mir aus paaranalytischen Erfahrungen Vergleiche auf, die gut zu seinen Texten passen und ihre Zeitlosigkeit belegen. Vorwurfsvoll ineinander verstrickte, nach *Verständnis* hungernde Paare erschienen mir wie zwei Marionetten, von denen jede die Fäden *der anderen* neu knoten möchte, um deren Aktionen so zu verändern, dass *sie selbst sich* endlich geliebt und liebesfähig fühlen kann.[56]

---

[56] Nur wer über eine entwickelte Regelung des Selbstgefühls verfügt, kann die Schattenseiten der Personen verarbeiten, von denen er sich Liebe wünscht. Für den traumatisierten Menschen, der nach Wiedergutmachung sucht, ist es sehr schwer, die Tatsache zu verarbeiten, dass Liebe in der Realität nicht »rein« ist. Die wir lieben und von denen wir geliebt sein wollen, sind kaum je ganz uneigennützig, durch und durch liebevoll – was nicht weiter verwundert, denn wir selber sind es auch nicht. Realistische Liebende rechnen von Anfang an mit dieser Möglichkeit, stellen sich auf sie ein und kompensieren Enttäuschungen mit der Einsicht in eigene Schwächen. Traumatisierte, in ihrem Selbstgefühl verletzte Liebende können die Schwächen des Partners nicht ertragen, von dem sie sich einen Ausgleich ihrer Verwundungen erhoffen. Sie können auch eigene Schwächen nicht realistisch einschätzen, sie sind entweder perfekt, haben keinen Fehler gemacht, während der Partner total versagte; oder sie sind selbst totale Versager, die es verdienen, missachtet zu werden. Vgl. Schmidbauer, *Die Rache der Liebenden*, a. a. O.

Soldaten und Frauen

In dem 1977 erschienenen Buch *Männerphantasien* hat Klaus Theweleit demonstriert, wie aus den Tragödien der Liebe in Zeiten des Krieges, mit denen sich Kleist vor allem in *Penthesilea* beschäftigt hat, eine Farce wird. Seine Analyse der Krieger in den deutschnationalen Freikorps und ihrem Umfeld wirkt oft abschätzig und misst diese im 19. Jahrhundert sozialisierten Männer an der sexualfreundlichen Ethik der Sechzigerjahre des 20. Jahrhunderts. Vielleicht hat die so gewonnene Möglichkeit, sich über die eigenen Eltern zu erheben, zur Beliebtheit des materialreichen Buches beigetragen. Gleichzeitig sind die *Männerphantasien* eine Fundgrube für spezifische Qualitäten und Traditionen der deutschen Ehe.

Besonders aufschlussreich ist der Bericht des späteren Auschwitz-Kommandanten Rudolf Höß über seine Ehe. Höß war streng katholisch erzogen und hatte seinen Eltern versprochen, Priester zu werden. Als 16-Jähriger meldete er sich 1917 gegen den Willen seiner Eltern freiwillig zum Dienst an der Front; als er zurückkam, lebten die Eltern nicht mehr. Höß wurde Freikorpskämpfer und saß wegen seiner Beteiligung an einem Fememord fünf Jahre in Haft.

1928 aus dem Zuchthaus entlassen, sah Höß in den Freikorps keine Zukunft mehr, konnte aber auch nicht in seinen früheren Beruf als Kaufmann zurück. Er wollte nun Landwirt werden und schloss sich dem Bund der Artamanen an. Dieser Bund ist in vieler Hinsicht charakteristisch für die spätere Ideologie der nationalsozialistischen Familienpolitik; er prägte Heinrich Himmler und den NS-Bauernführer Walter Darré. Sein Gründer war Willibald Hentschel (1858–1947), ein Schüler des prominentesten Darwinisten in Deutschland, Ernst Haeckel, und strikter Antisemit.

Hentschel verdiente ein Vermögen durch Patente auf Medikamente und Farbstoffe. Er investierte sein Geld in Landgüter und beschäftigte sich mit landwirtschaftlicher Forschung, die er schon früh in Projekten einer »biologischen« Reform der Gesellschaft weiterführte. In seinen populären Büchern *Varuna* (1901) und *Mittgart* (1904) propagierte er die Züchtung einer arischen Rasse. Er selbst war mit gutem Beispiel vorangegangen, als er mit 23 Jahren in Dresden Hellen Zimmermann heiratete, mit der er fünf Töchter zeugte; bei seinem Tod in Leoni am Starnberger See hinterließ er 13 Enkel und 27 Urenkel.

Er wollte Landgüter gründen, in denen nicht nur gesunde Nahrung erzeugt und ein naturnahes Leben geführt wurde, sondern in einem »Menschengarten« eine neue, völkische Oberschicht entstand. Dieses Konzept entwickelte Himmler später zum »Lebensborn« weiter. Hentschel scheute sich nicht vor drastischen Vergleichen. Er schlug Tacitus' Sittenstrenge in den Wind und wünschte sich als Germanen der Zukunft den Starken, der neun Schwächere erschlägt und deren Weiber für sich in Anspruch nimmt. In einer Mittgart-Siedlung sollte Einehe auf Zeit zwischen hundert Männern und tausend Frauen herrschen.

Den Bund der Artamanen gründete Hentschel 1923. Artam ist ein von ihm erfundenes Kunstwort, das persischen Ursprungs sein soll. Sein Gründungsaufruf wurde im Frühlingsheft 1924 der Deutschen Bauernhochschulen abgedruckt. Wie viele frühe Mitglieder der NSDAP war auch Hentschel von der Hitler-Bewegung enttäuscht, als diese Zulauf gewann. Er verließ die Partei bereits 1932. Dennoch behielt er seine Geltung und Anhängerschaft; Hitler gratulierte ihm 1941 zur diamantenen Ehe und übernahm den von Hentschel »erfundenen« Heil-Gruß.[57]

---

57 Gregor Pelger: »Willibald Hentschel«, in: *Handbuch der völkischen Wissenschaften. Personen – Institutionen – Forschungsprogramme – Stiftungen*, hrsg. von Ingo Haar und Michael Fahlbusch. Unter Mitarbeit von Matthias Berg, München 2008, S. 239–243.

Hentschels »Menschengärten« scheiterten daran, dass sich zu wenige Bewerberinnen fanden. Auch die Artamanen hatten zu kämpfen. Der Gründungsgedanke war ein Ritterorden, der die polnischen Gastarbeiter im Osten durch dienstwillige, strikt hierarchisch geführte Ordensleute ersetzen sollte. Die Großgrundbesitzer hatten aber wenig übrig für ideologische Ansprüche; sie behandelten die Artamanen eher schlechter als die polnischen Arbeiter, die mehr von Landwirtschaft verstanden und körperliche Arbeit von Kindheit an gewöhnt waren.

Als Rudolf Höß den Artamanen beitrat, gab es heftige Auseinandersetzungen in dem Bund. Die Mitglieder sollten nur ein Taschengeld behalten, Vermögen und Einkünfte aber spenden, damit die Artamanen Grundbesitz im Osten erwerben könnten. 1929, als die Mitgliederzahl den Höchststand erreichte, war der Erfolg immer noch bescheiden. Im selben Jahr spaltete sich die Bewegung und war schon geschwächt, als sie 1933 gleichgeschaltet wurde.

Hentschel hatte die Ostmark mit einem Kranz von germanischen Siedlungen wehrhaft machen wollen, aber es wurde nur ein einziges Grundstück gekauft: in Koppelow in Mecklenburg, wo schließlich 38 Familien lebten. Nach der Auflösung der freien Jugendbewegung durch die Nationalsozialisten wurde der »Bund der Artamanen« als einzige Ausnahme im Oktober 1934 korporativ in die Hitler-Jugend übernommen und bildete später den Kern des Landdienstes der HJ. Höß erinnerte sich:

> *»Schon in den ersten Tagen lernte ich da [bei den Artamanen, W.S.] meine zukünftige Frau kennen, die, von den gleichen Idealen beseelt, mit ihrem Bruder den Weg zu den Artamanen gefunden hatte. Schon beim ersten Sehen stand unsere Zusammengehörigkeit bereits unverbrüchlich fest. Wir fanden uns in einem Gleichklang des Vertrauens und Verstehens, als ob wir von Jugend an zusammen*

gelebt hätten. Unsere Lebensanschauung auf allen Gebieten war die gleiche.«[58]

Theweleit nennt das eine »Serenade der Beziehungslosigkeit«,[59] es ist aber vor allem die Sehnsucht nach Symbiose, nach einer kompletten Spiegelung. Die Partner sind bereit, einander als Alter Ego aufzufassen – der Mann vertritt diese These, die Frau widerspricht nicht. Sollte sie irgendwann zu widersprechen beginnen, Gnade ihr Gott! Aber solange das nicht geschieht, ist die Ehe perfekt. Eine andere Ehe wäre für das prekäre Selbstgefühl des gescheiterten Theologen nicht denkbar.

Umso bemerkenswerter, dass Höß, eigentlich als einziger der von Theweleit analysierten soldatischen Männer aus dem Umfeld der Freikorps, so etwas wie einen Schatten in der Idealisierung seiner Ehe zulässt:

»Wir ergänzten uns in jeder Hinsicht. Ich hatte die Frau gefunden, die ich mir in den langen Jahren der Einsamkeit ersehnt. Durch all die Jahre unseres gemeinsamen Lebens hindurch blieb der innere Gleichklang bis auf den heutigen Tag bestehen, unbeirrt durch all die Zufälligkeiten des Tagesgeschehens, durch Glück und Unglück, durch all die äußeren Einwirkungen. Doch eines war und blieb zu ihrem steten Kummer: All das, was mich zutiefst bewegte, mußte ich mit mir selbst abmachen, konnte ich auch ihr nicht offenbaren.«[60]

---

[58] Zit. nach Klaus Theweleit: *Männerphantasien*, Bd. 1: *Frauen, Flinten, Körper, Geschichte*, Basel 1977, S. 19.

[59] Ebda.

[60] Ebda., S. 19.

Höß blieb in einem inneren Gefängnis, auch nachdem er das Zuchthaus verlassen hatte. Er hatte die inneren Räume einer normalen Adoleszenz seinen soldatisch-nationalen Idealen geopfert. Als knapp 16-Jähriger wurde er eine Art Kindersoldat und kämpfte mit einer solchen Todesverachtung, dass er mehrfach ausgezeichnet wurde. Die Zitate über seine Ehe stammen aus seiner Autobiografie,[61] die er – sein Todesurteil vor Augen und von Nürnberg nach Polen überstellt – während seiner Gefangenschaft schrieb.

Der Kommandant von Auschwitz hatte 1945 versucht unterzutauchen. Er lebte eine Weile unter falschem Namen, wurde aber von einem britischen Kommando gefasst und gezwungen, seine Identität preiszugeben. Was ihn definitiv überführte, war der Ehering, in den die Namen Rudolf und Hedwig eingraviert waren.

Höß behauptete noch, der Ring sei zu eng, um ihn abzuziehen. Er wurde durch die Drohung, sonst den Finger abzuschneiden, gezwungen ihn herauszugeben. Ein Großneffe des britischen Offiziers Hanns Alexander, der Rudolf Höß monatelang jagte, hat jüngst die Biografien des Jägers und seiner Beute parallel erzählt.[62] Höß gestand die millionenfachen Morde nicht ganz freiwillig.

> *»Unter schlagenden Beweisen kam meine erste Vernehmung zustande. Was in dem Protokoll drin steht, weiß ich nicht, obwohl ich es unterschrieben habe. Doch Alkohol und Peitsche waren auch für mich zuviel.«*[63]

---

[61] Rudolf Höß: *Kommandant in Auschwitz. Autobiographische Aufzeichnungen des Rudolf Höß*, hrsg. von Martin Broszat, München, div. Auflagen (dtv-dokumente).

[62] Thomas Harding: *Hanns und Rudolf. Der deutsche Jude und die Jagd nach dem Kommandanten von Auschwitz.* Aus dem Engl. übers., von Michael Schwelien, München 2014.

[63] Ebda., S. 149.

In einem weiteren Passus der Autobiografie wird die Dominanz des Prinzips über das Gefühl noch deutlicher. Höß war wiederholt gefragt worden, ob er kein Unrecht erlebt habe, als er die Gaskammern bauen und Millionen unschuldiger Menschen ermorden ließ. Er sagte, für einen SS-Mann habe sich diese Frage angesichts des Führerbefehls einfach nicht gestellt.

Nach den Zeugnissen aus seiner Vernehmung und auch nach dem Urteil des britischen Sergeanten, der Höß' Briefe zensierte, war der Kommandant von Auschwitz nicht sadistisch oder brutal; die Lektüre des Kampfblatts *Der Stürmer* lehnte er ab. Als Vorgesetzter habe er den Eindruck gewonnen, dass *Stürmer*-Leser einen engen Horizont hätten. Seine bürgerlichen Tugenden, Bildungsfleiß, Ordnungsliebe, Pflichtbewusstsein und Naturverbundenheit haben Höß nicht davor bewahrt, mörderisch zu funktionieren. Im Gegenteil: Sie machten ihn effektiv.

Höß verstand die »Arbeit« in Auschwitz als Fortführung des »totalen« Krieges. Er gehorchte der Moral des Soldaten, der mitleidlos gegenüber den Opfern seine Aufgabe erledigt, weil er von der »Sache« überzeugt ist und »nur« Befehle ausführt. In seinen autobiografischen Aufzeichnungen widerspricht der Kommandant dem Vorwurf, er sei kalt und unmenschlich gewesen. Er habe vielmehr den emotionalen Druck deutlich verspürt, sich aber aus Pflichtgefühl entschieden, ihm zu widerstehen und sich an den »Führerbefehl« zu halten.

> *»Die meisten der Beteiligten traten oft bei meinen Kontrollgängen durch die Vernichtungsstellen an mich heran, um ihre Bedrückung, ihre Eindrücke an mich loszuwerden, um durch mich beruhigt zu werden. Aus ihren vertraulichen Gesprächen hörte ich immer und immer wieder die Frage heraus: Ist das notwendig, was wir da machen müssen? Ist das notwendig, daß Hunderttausende Frauen und*

Kinder vernichtet werden müßen? Und ich, der ich mir unzählige Male im tiefsten Innern selbst die Frage gestellt, mußte sie mit dem Führer-Befehl abspeisen, damit vertrösten. Mußte ihnen sagen, daß diese Vernichtung des Judentums notwendig sei, um Deutschland, um unsere Nachkommen für alle Zeit von den zähesten Widersachern zu befreien. Wohl stand für uns alle der Führer-Befehl unverrückbar fest, auch daß die SS ihn durchführen mußte. Doch in allen nagten Zweifel. Und ich selbst durfte auf keinen Fall meine gleichen Zweifel bekennen. Ich mußte mich, um die Beteiligten zum psychischen Durchhalten zu zwingen, felsenfest von der Notwendigkeit der Durchführung dieses grausam-harten Befehls überzeugt zeigen. Alle sahen auf mich. Welchen Eindruck machten solche Szenen, wie oben geschildert, auf mich, wie reagierte ich darauf. Daraufhin wurde ich genau beobachtet, jede Äußerung meinerseits durchgesprochen. Ich mußte mich sehr zusammenreißen, um nicht einmal in der Erregung über eben Erlebtes meine inneren Zweifel und Bedrückungen erkennen zu lassen. Kalt und herzlos mußte ich scheinen, bei Vorgängen, die jedem noch menschlich Empfindenden das Herz im Leibe umdrehen ließen. Ich durfte mich noch nicht einmal abwenden, wenn allzumenschliche Regungen in mir hochstiegen. Mußte kalt zusehen, wie die Mütter mit den lachenden oder weinenden Kindern in die Gaskammern gingen. (…) Ich mußte dies alles tun – weil ich derjenige war, auf den alle sahen, weil ich allen zeigen mußte, daß ich nicht nur die Befehle erteilte, die Anordnungen traf, sondern auch bereit war, selbst überall dabeizusein,[64] wie ich es von den von mir dazu Kommandierten verlangen mußte.«[65]

---

[64] Die Zeitlosigkeit dieser Geste illustriert eine populäre Fantasy-Serie im US-Fernsehen, *A Game of Thrones*, in dem Stark, ein untadeliger Held, einen Deserteur eigenhändig enthauptet und seinen zehnjährigen Sohn zwingt zuzusehen. Wer Urteile fälle, dürfe nicht zu weichherzig sein, sie auch zu vollstrecken.

[65] Höß, *Kommandant in Auschwitz*, S. 131f.

In dieser Passage finden wir zehnmal das Wort *musste*. Martin Broszat, der die autobiografischen Texte von Höß herausgab, hat den Widerspruch in seiner Persönlichkeit diskutiert: auf der einen Seite der warmherzig wirkende, aufgeschlossene Familienvater, auf der anderen Seite der um eiskalte Haltung bemühte Befehlsempfänger und Technokrat. Höß war in der Tradition von Hentschel und in dessen rassistischem Verständnis der darwinistischen Theorie überzeugt, eine bedrohte Rasse zu verteidigen.

Das deutsche Nationalbewusstsein war von Anfang an ein kriegerisches, militärisches, es organisierte sich gegen einen äußeren Feind und steigerte sich zu einem Höhepunkt, als es nach der großen Niederlage von 1918 Feinde im Innern entdeckte und gegen sie mit der im totalen Krieg erworbenen Rücksichtslosigkeit vorging.

Die Welt, in der Frauen und Kinder leben, ist dem Soldaten des totalen Krieges nicht nur fremd, sie ist für ihn gefährlich, weil er in ihr seine Wachsamkeit verliert und weich wird. Er gerät in die Nähe dessen, was Höß aus zwei Gründen bekämpfte: weil er sich als Soldat fühlte und weil er fürchtete, die narzisstische Bestätigung einzubüßen, die er aus seiner Rolle als Kommandant von Soldaten zog. Daher auch seine Unfähigkeit, Nähe zu seiner Frau zuzulassen.

Wer sich in seinem Selbstgefühl bedroht, erniedrigt und geschwächt fühlt, der ist nicht mit dem zufrieden, was unter normalen Umständen als befriedigend erlebt wird. Er strebt nach Perfektion, und er kann keine Ruhe geben, ehe er diese nicht erreicht hat. Er kann keine Schwäche an sich selbst, keine Unvollkommenheit an Partner und Kind ertragen. Und ebendieses Streben nach absoluter Sicherheit für sein geschwächtes, erniedrigtes Selbstgefühl stört seine Versuche, Sicherheit und Geborgenheit zu erleben.

Die früheren Frontkämpfer sind oft süchtig nach dem Wechsel von Todesangst zu Lebenstriumph. Sie sind die Erben von Faust und Penthesilea. Und sie sind die Urgroßväter der deutschen

Frauen und Männer von heute, die es so schwer haben, im Konfliktfall Gnade vor Recht ergehen zu lassen.

Wer als Kind und Kindeskind Spuren traumatischer Ereignisse in sich trägt, wird sich in seinen engen Beziehungen bemühen, keine Schwäche zuzulassen und Stärke zu zeigen. Der »deutsche« Umgang mit einem Liebeskonflikt verbindet die Unfähigkeit zu einer von Trauer und Bedauern geprägten Distanz mit der erziehenden, moralischen Belehrung. Die Partner fürchten sich voreinander. Sie erleben den Partner als Bedrohung – er verweigert ihnen Anerkennung, er entwertet sie. Sie können nicht über ihre Verlust- und Versagensängste sprechen, sondern klagen einander an und schieben sich gegenseitig die Schuld am Scheitern ihrer Erwartungen zu.

Am Obersalzberg

In dem 1938 in zweiter Auflage erschienenen Buch *Obersalzberg – Wanderungen zwischen Gestern und Heute* berichtet Florentine Hamm über eine Begegnung mit Adolf Hitler am Tor zum Obersalzberg. Das Kapitel trägt die Überschrift »Es ist der Führer!« und enthüllt eine psychologische Position, die tiefer reicht als propagandistische Idealisierung.

Die BDM-Mädchen, zu denen sich die Autorin gesellt hat, warten schon fünf Stunden im Schnee. Sie frieren erbärmlich, wollen aber nicht aufgeben.

> »*Wir unterscheiden schreitende Gestalten. Da bricht der Jubel los: ›Heil! Heil! Heil! Heil!‹ Immer wieder in die Finsternis hinein. Und dann ist er plötzlich bei uns am Tor. Ganz nahe bei uns, der uns tausendfach Bekannte, zum erstenmal. Es ist keine Scheu, aber*

> *auch kein lautes Wort – nur ein glückseliges Herzudrängen. Hände streben ihm entgegen über dem Lattenzaun. Er sieht uns an und heißt uns willkommen mit seinem Lächeln und ergreift jede Hand. Dicht an unserem Ohr erklingt seine tiefe Stimme.«*[66]

Es folgt die Schilderung einer Autogrammstunde, jedes Mädchen bekommt eine unterschriebene Postkarte, »und es ist, als ob er jetzt an nichts anderes mehr dächte, als uns diese Freude zu machen«. Am Ende singen die Mädchen dem »Führer« noch ein Lied. »Der Führer hört zu und steht jetzt allein im Licht vor der Nacht – in seiner Windjacke, den Stock in der Hand. Das helle, uns vertrauteste Gesicht ist auf uns gerichtet. Da sind wir es inne: *es ist der Führer.«*

Es folgt eine Reflexion: »Was ist geschehen? Alles war einfache, nahe Wirklichkeit gewesen, ohne äußere Besonderheit: ein Händedruck – eine unterschriebene Karte – ein Lied ... und war dennoch Ereignis, auf das wir fünf Stunden gewartet hatten und das uns dann unbegreiflich reich zurückließ.«[67]

Dann ringt die Autorin nach einer Erklärung für diese Gefühle, die den Beziehungsmodus der symbiotischen Verschmelzung mit einer geliebten Person demonstriert. Durch die entstehende Nähe wird das Selbstgefühl ins nahezu Unermessliche gesteigert. Alle Grenzen verschwinden; Omnipotenzgefühle überschwemmen das Ich.

> *»Vielleicht war es dies, daß wir begriffen haben: es ist der Führer; gerade so, als ob wir es nicht längst schon gewußt, sondern in eben*

---

[66] Florentine Hamm: *Obersalzberg – Wanderungen zwischen Gestern und Heute*, München: Verlag der NSDAP, 1938, S. 93.

[67] Ebda., S. 94.

diesem Augenblick zum erstenmal erfahren hätten. Es muß wohl sein, daß sich das Erlebnis dieses Erkennens erneut von Begegnung zu Begegnung. Und dann geht alles unter in dem einen Bewußtsein: Du bist bei uns, du kennst einen jeden von uns, du hast uns lieb, du bist der Ruf zur Erfüllung unseres Daseins.

Und weil wir alle zu dir gehören, sind wir Gemeinschaft und dein Werk ist unseres Lebens Auftrag; denn wir Kleinen fühlen, daß es dir gelingen muß, wenn wir bei dir stehen. Da wachsen wir durch unsere Treue zu dir. Es ist wahr: Dir zuliebe erneut sich die Welt.«[68]

Ähnlich schwärmerische Äußerungen finden sich in evangelikalen Gemeinden, in denen die persönliche Begegnung mit einem charismatisch erlebten Jesus die tradierte biblische Religion mit Gefühl auflädt. Der Gedanke, dass ein idealisierter Führer jeden Anwesenden kennt und liebt, ist auch aus Schilderungen von Mitgliedern der Osho-Sekte und anderen Erleuchtungsgruppen bekannt. Dort wird ein Massenpublikum regelrecht angeleitet, »im Geiste« Fragen an den Guru zu stellen und dessen Antworten als von ihm selbst gegeben anzusehen und zu befolgen.

Die Differenz zwischen der öffentlichen Feier der Führermacht und der intimen, lebendigen Begegnung ist auch Florentine Hamm vertraut.

»Wie oft waren wir so beisammen an Feiertagen der Nation, wenn die große Form deiner Schöpfung um dich war, und die doch, so gewaltig sie uns umgab, nur Symbol sein konnte eines Werkes, dessen zunehmende Größe wir immer weniger zu ermessen vermögen. Heute aber warst du allein; wir haben nichts gesehen von deinem Werk. Das liegt in der Nacht, vor der du gestanden bist. Und wir

[68] Ebda.

haben gewußt, als wäre es wieder zum erstenmal in unserem Leben: es ist der Führer« (Hervorhebungen der Autorin).[69]

Es geht nicht um die demiurgische Qualität Hitlers – die »große Form deiner Schöpfung« –, sondern um den persönlichen Austausch von Gefühlen der Wärme, Dankbarkeit, Geborgenheit und Verpflichtung. Hamm schließt: »Dort oben sehe ich das heimatliche Haus, in dem du jetzt weilst. Die Lichter sind angezündet, die Sterne ziehen darüber auf. Wir aber, die deinen, sind überall im Reich, in der ganzen Welt, und halten die Wache.«[70]

Wer sich mit dem Alltag im »Dritten Reich« befasst, der begegnet solchen Schilderungen zuhauf. Sie dienten propagandistischen Zwecken, aber damit ist ungefähr so viel erklärt, wie wenn von einem mittelalterlichen Dom ebenso wie von einer Rokokokapelle gesagt wird, sie dienten religiösen Zwecken.

Bekannt ist die Meisterschaft der NS-Bewegung, sich überall zu bedienen, wo es eindrucksvolle Gesten für den Gewinn und den Erhalt der Macht gibt. Romantik und magisches Denken, eindrucksvolle Prozessionen und Aufmärsche, sportliche Leistungen, Maschinen und Waffen, Naturverbundenheit, die Liebe zum Wald, zu den Bergen, zur Heimat, zur Gesundheit, zu einfachen, fröhlichen Menschen, zur Gemeinschaft, zur menschlichen Arbeit und zum zyklischen Wechsel von Mühe und Erholung (»Kraft durch Freude!«) – all dies dient der NS-Propaganda.[71] Kitsch und Phrase sind nicht nur erlaubt, sondern geboten. Gut und Schlecht sind ganz klar, man muss nur das Richtige wollen und an den »Führer«

---

[69] Ebda.

[70] Ebda.

[71] Gudrun Brockhaus: *Schauer und Idylle. Faschismus als Erlebnisangebot*, München 1997.

glauben, denn aus diesem Glauben, aus der Liebe seines Volkes gewinnt er seine Kraft.

Eigentümlich sind die ins Masochistische übergehenden »Liebesbeweise« der pubertierenden Mädchen. »Die Faszination, die von Hitler, von seinen Forderungen, die er an die Nation stellte, ausging, hatte nicht nur mit Sadismus, sondern auch viel mit Masochismus, mit Unterwerfungslust zu tun«, stellten Alexander und Margarethe Mitscherlich fest.[72] Die Halbwüchsigen setzen gegen die Mahnung der Gruppenleiterin, die eigene Gesundheit zu schonen, ihre nervenzehrende Bereitschaft durch, in der Winterkälte mit gänzlich ungewissem Ausgang zu warten, bis das »Es ist der Führer«-Erlebnis sie überwältigt.

Die Bereitschaft, auf Hitlers Erscheinen zu warten, wurde in vielen seiner Inszenierungen gefordert. Sie unterstrich das Messianische an ihm. Das Volk muss auf den Erlöser warten, und je länger es wartend ausharrt, desto stärker wird es die Erlösung fühlen. Pünktlichkeit ist die Höflichkeit der Könige, Unpünktlichkeit die Machtdemonstration der Charismatiker.

Die Beziehung zwischen Florentina Hamm und Hitler zeigt eine wechselseitige Abhängigkeit, die an den griechischen Mythos von den Totenseelen erinnert, die Blut trinken müssen, um sprechen zu können. Der »Führer« ist Schöpfer eines neuen Deutschland, aber erst in der Verschmelzung mit den Gläubigen gewinnt er seine Substanz. Sie sind die Atome, aus denen sich seine Macht zusammensetzt, ohne sie existiert sie so wenig, wie die Hingabe der Mädchen ohne ihn möglich ist.

Diese Beziehung lässt sich als seelische Symbiose oder als der Gewinn eines Selbstobjekts beschreiben. In Liebesbeziehungen formuliert sich diese Symbiose so, dass einerseits am Objekt fest-

---

72 Mitscherlich, *Die Unfähigkeit zu trauern*, S. 33.

gehalten wird, dieses aber andererseits chronische Vorwürfe erntet, weil es die symbiotischen Erwartungen nicht erfüllt. Es ist sozusagen »falsch«, weil es Bedürfnisse nicht hat, die es haben müsste, aber auch »richtig«, weil es mehr oder weniger geduldig die oft sehr kränkenden Klagen über dieses Versagen entgegennimmt.

Die Vorwurfswelt als Verbesserung des Guten

Was ist »spezifisch deutsch« in einer Liebesbeziehung? Ist es eine besondere Qualität oder doch eher die Steigerung eines allgegenwärtigen Konflikts individualisierter Gesellschaften durch die an Traumatisierungen reiche Geschichte unseres Landes? Die Frage ist schon öfter geprüft worden, das gesammelte Material stellt das Entweder-oder in Frage: Beide Einflüsse, die spezifische Qualität und die quantitative Steigerung des Drucks auf das Selbstgefühl der einzelnen Menschen, wirken zusammen und lassen sich oft nicht trennen. Ein belasteter Narzissmus sucht nach Rechtfertigungen, um sein Größenselbst zu schützen und zu verteidigen; diese werden aus dem »Brunnen der Vergangenheit« geschöpft, von dem Thomas Mann in *Joseph und seine Brüder* gesprochen hat. Eine (freilich ihrerseits problematische) Quelle von Klarheit in solchen Unsicherheiten ist für den Paaranalytiker die Fallgeschichte. Sie kann beleuchten, wie die beiden zentralen Schutz-Mechanismen eines belasteten Selbstgefühls in Wechselwirkung treten: Rechthaberei und Rückzug.

»Meine Frau«, sagt Herr L., »war von Anfang an eine herbe sexuelle Enttäuschung für mich. Ich habe immer viel gearbeitet, und unter der Woche war ich müde. Aber am Samstagmorgen, da hätten wir Zeit gehabt, so gemütlich im Bett, die Sonne durch die Jalousie, und sie springt auf, sie muss unbedingt diese wundervolle Kultursendung hören, während sie das Frühstück macht.

Es gibt Frauen, die manchmal die Initiative ergreifen und die einem Mann vermitteln können, dass er nicht nur lästig ist. Aber sie gehört nicht dazu. Dabei ist sie eifersüchtig. Ich durfte keine andere Frau anschauen, wenn sie dabei war. Unseren ersten Urlaub nach der Hochzeit verbrachten wir in Saint Tropez. Ich war jung, es war Sommer, sollte ich nicht schauen, welche Frauen da am Strand entlanggingen, in den Cafés saßen? ›Das kannst du tun, wenn ich nicht dabei bin!‹, sagte sie, aber das wäre doch verlogen.

Nach dem zweiten Kind war es aus, ganz aus, sie begehrte mich nicht mehr, und ich fuhr mit einer anderen Frau in den Urlaub, einer, die nach dem Skifahren auch einmal sagte: ›Gehen wir doch Table-Dance schauen, das ist lustig!‹ Aber ich liebe meine Frau, sie ist ein so wertvoller Mensch, auch wenn sie davon nichts wissen will und schrecklich wenig Selbstvertrauen hat. Ich habe die erste Geliebte aufgegeben, und wir hatten noch ein Kind, aber erotisch änderte sich nichts, ich will eine Frau, die mich will, und nicht eine, die mich rüberrutschen lässt und froh ist wenn es vorbei ist.

Und jetzt ist es auf einmal so, dass sie unsere Ehe ganz aufgeben will. Sie sieht keinen Sinn mehr darin. Ich finde das verkehrt. Da haben wir so lange zusammengehalten, haben zwei prächtige Kinder großgezogen, die alle aus dem Haus sind, hatten unsere Differenzen, viel weniger schlimme als andere Paare, und jetzt will sie das alles kaputtmachen und nimmt mir Eskapaden mit anderen Frauen übel, die ich schon aus körperlichen Gründen gar nicht wiederholen kann, ich habe eine Operation an der Prostata hinter mir.«

»Eigentlich ist der Knacks schon ganz früh in unserer Ehe gekommen«, sagt Frau L. »Ich war in meinen Mann verliebt. Ich habe bei unserem ersten Strandurlaub nicht verstanden, dass er nach anderen Frauen sieht. Ich weiß ja, ich kann ihm nicht gerecht werden, ich habe kaum Busen, aber ich hatte geglaubt, er liebt mich, wie ich bin.

Er hat um mich gekämpft. Ich wusste anfangs gar nicht, ob ich mich auf ihn einlassen sollte. Er war attraktiv, die Frauen sahen hinter ihm her. Ich hatte gerade sehr an dem Zerbrechen meiner ersten langen Beziehung zu arbeiten, aber er wollte mich so unbedingt und schien so genau zu wissen, dass ich die Richtige bin, da habe ich mich überzeugen lassen. Meinen Eltern gefiel er auch.

Nach dem zweiten Kind war es mit der Erotik vorbei, es war, als sei ich innerlich erfroren, als ich herausfand, dass er mit einer anderen Frau auf einen dieser Kongresse gefahren war, die in Ferienorten veranstaltet werden, um den Urlaub von der Steuer absetzen zu können.

Ich mache die Finanzen, und er hat mir die Rechnung über das Hotel gegeben, zwei Personen, zweimal Frühstück, er hat anscheinend wirklich gedacht, ich merke das nicht, ich zähle nur die Endsummen zusammen. Für wie blöd hält er mich? Oder hält er mich gar nicht für blöd, will er mir zeigen, wozu ich ihn zwinge, weil ich im Bett eine Versagerin bin? Ich schluckte dann Antidepressiva und bin wegen der Kinder bei ihm geblieben, er hat versprochen, sich zu ändern, aber geändert hat sich nichts. Ich habe es ertragen, und ich verstehe auch nicht ganz, warum ich es jetzt nicht mehr ertragen kann, nachdem ich es so lange ausgehalten habe. Er redet nicht mit mir, ich lebe neben ihm wie neben einem Fremden, erotisch ist schon lange nichts mehr, die Kinder brauchen uns nicht mehr. Die würden sicher verstehen, wenn wir einen Schlussstrich ziehen. Seit er sich dem Ruhestand nähert, steht mir das bevor: ihn versorgen, aber kein wirklicher Kontakt, keine echten Gespräche, keine Nähe.«

Frau L. ist eine zarte Person, selbstkritisch, sensibel, mit einem angedeuteten Vorwurf, dass eine Welt nicht gut und richtig ist, in der höflichen und rücksichtsvollen Menschen nicht Gleiches mit Gleichem vergolten werde. Sie sehe ein, dass sie ihren Mann in seinen Wünschen nach praller Weiblichkeit enttäuscht habe, aber dürfe er sie deshalb derart kränken?

Herr L. ist überzeugt, dass er die Welt rational und damit richtig sieht. Seine Sünden in der Ehe erklären sich aus den Kränkungen seiner Erotik, wer die für Sünde halte, dürfe auch ihn zum Sünder stempeln, aber gerecht sei das nicht. Dass seine Frau sich jetzt trennen wolle, gehe zu weit – sie habe doch bisher durchaus eingesehen, dass seine Gelegenheitslieben nur ein Terrain besetzten, das zu betreten sie sich immer geweigert habe.

Sowohl Herr als auch Frau L. waren in Elternhäusern mit zerbrochenen Ehen aufgewachsen. In solchen Familien sehnen sich die Kinder besonders nach einer reparativen Symbiose, während es ihnen gleichzeitig besonders schwerfällt, die sexuelle Leidenschaft in das auf Gleichklang der Bedürfnisse abgestellte symbiotische Geschehen zu integrieren. Daher ist es nur folgerichtig, wenn Herr L. nach wie vor an der Symbiose festhalten will – er würde sich ohne seine Frau alleine und wertlos fühlen –, während Frau L. längst ihre symbiotischen Bedürfnisse auf Kinder und Enkel übertragen hat und Herrn L. vorwiegend als Störung in diesen Bezügen erlebt.

Es ist kein Zufall, dass das erste Thema, mit dem Alexander Mitscherlich seine psychoanalytische Sozialpsychologie begründete, die (deutsche) »vaterlose Gesellschaft« war. Nirgends in Europa waren die Väter so geschwächt und in ihrer Geltung so reduziert wie in Deutschland.

Jeder Familie in einer Industriegesellschaft geht viel verloren, sobald der Vater nicht mehr – wie in einer bäuerlich-handwerklichen Welt – im Haus präsent ist und ein Gegengewicht zur mütterlich-symbiotischen Übermacht in der frühen Kindheit bilden kann. In Deutschland aber hatte nicht nur die industrielle Arbeitsteilung den Familien die Väter genommen. Viele kehrten nicht aus dem Krieg zurück, andere überlebten zwar, waren aber traumatisiert und zur Empathie kaum mehr fähig. Die meisten waren in ihrem Werterleben geschwächt und verunsichert; sie konnten nicht als Alternative zur symbiotischen Bindung an die Mutter zur Verfügung stehen, sondern ließen diese entweder im Stich oder verklammerten sich ängstlich mit ihr.

> *»Schon in der Kriegszeit war es nur wenigen Jugendlichen möglich, sich mit einem Vater zu identifizieren. Selbst wenn er gegenwärtig war, war der Vater meistens im Vergleich zu den Naziführern und den Führern der Hitlerjugend ein schwacher Vertreter des bestehenden Wertesystems. Neben dem Führerideal, in dem eine real unbekannte, nur in der Entfernung erlebbare Person angebetet wurde, fand eine gegenseitige Idealisierung in der Gruppe statt. Der bedingungslose Identifikationszwang während der Hitlerzeit zerbrach mit der Niederlage ganz abrupt; und da im totalitären System des Nationalsozialismus der Identifikationszwang nicht ein Problem der Jugendlichen, sondern der ganzen Nation gewesen war (…), herrschte 1945 ein Wert-Vakuum; daß es eine Revolution oder doch eine Selbstreinigung anstelle der von außen auferlegten Entnazifizierung nicht gegeben hat, ist zugleich ein Symptom dieses Vakuums und seine Folge.«*[73]

Wenden wir diese Gesichtspunkte auf die Ehe von Herrn und Frau L. an, ergibt sich das Folgende: Frau L.s Mutter lebte getrennt vom Vater, einem Baron. Dieser hatte Geliebte, hielt aber an der Ehe fest und sorgte für seine Frau, eine zarte, wenig wehrhafte Person, die beruflich nicht mehr auf die Füße kam, obwohl sie studiert

[73] Mitscherlich: *Die Unfähigkeit zu trauern*, S. 190.

hatte. Eine positive Vater-Erfahrung hatte Frau L. so wenig wie Herr L., dessen Vater die Mutter früh verlassen hatte.

Herrn L.s Mutter hatte den einzigen Sohn mit Klagen und Forderungen großgezogen. Er sollte es zu etwas bringen und sie für ihre Leiden an dem Taugenichts entschädigen, dessen Kind er sei. Herr L. beneidete, seit er denken konnte, alle Kinder, die mit respektablen Eltern heranwuchsen. An Frau L. fesselte ihn nicht nur ihre zurückhaltende, zarte Schönheit, die sie von seiner dominanten Mutter abhob; er erlebte es auch als Gewinn an Sicherheit und Geltung, dass sie einen adeligen Namen trug und ihr Vater einer ruhmreichen Familie angehörte.

Er warb um sie, er interessierte sich für sie, er legte ihr sein Leben zu Füßen, er fügte sich ihr, wo er konnte, als sei sie ein höheres Wesen – ganz anders als ihr Vater, der sie herumkommandierte und den das Leiden ihrer Mutter nie zu kümmern schien. Herr L. dachte, dass er mit dieser Frau an seiner Seite nichts und niemanden mehr zu fürchten hätte: Er hatte als Kind eines Nichtsnutzes, der sich zu Tode trank, eine Tochter aus gutem Haus erobert. Er würde rastlos arbeiten und allen zeigen, was er konnte.

Herr L. glaubte fest, dass sich die erotische Aktivität seiner Verlobten nach der Hochzeit dramatisch verändern würde. Er deutete ihre Hemmungen als Zeichen, dass sie sich auf altmodische, anziehende Weise schäme. Wenn Sex nicht mehr verboten war, sondern eheliche Pflicht und der Weg zu den von ihr ausdrücklich gewünschten Kindern, würde sie auch die erotische Initiative ergreifen, wie das normale Frauen tun. Sie würde ihm sagen, was sie glücklich mache, und ihn fragen, was sie für ihn tun müsse, damit er glücklich sei.

Aber »Ich weiß nicht«, »Ich will das nicht so oft wie du«, »Du willst so oft, dass ich gar nicht weiß, wie oft ich will« waren nicht die richtigen Antworten. Es konnte doch nicht sein, dass sie das alles ihm überließ. Das war nicht normal. Er war es gewohnt zu sagen, was ihm nicht passte. Seine Mutter tat das auch, und so primitiv er sie auch manchmal fand, nahm sie doch kein Blatt vor den Mund. Sie war nicht verlogen. Einmal hatte sie auf einer Geburtstagsfeier, zu der sie eingeladen war, als eine Übergewichtige den Raum betrat, laut gesagt, sie verstehe nicht, wie jemand so dick sein und sich in ein solches Kleid zwängen könne.

So sagte Herr L. seiner Frau, sie sei eine herbe Enttäuschung im Bett, wenn auch sonst vortrefflich. Er frage sich, ob sie nicht frigide sei, jedenfalls sei sie schrecklich verklemmt. So ginge das nicht. Das müsse gesagt werden, es nicht zu sagen sei verlogen. Wenn sie sich nicht bessere, könne er für nichts garantieren.

Vorwürfe schaffen eine besondere Ehe-Welt. Sie ist so weit verbreitet, dass uns oft gar nicht mehr auffällt, wie bizarr sie ist und wie wenig wir sie in unseren Traditionen finden. Die Vorwurfswelt ist aus Erwartungen gezimmert und mit dem Glauben ausstaffiert, dass Liebe ein Wundermittel sei. Wenn sich ihre Magie nicht wunschgemäß entfaltet, wird der Vorwurf lauter wiederholt, wie das Abrakadabra von dem Zauberlehrling, der nicht genau weiß, ob ihn die Geister verstanden haben.

Die Grundannahme in diesen symbiotischen Strategien entspricht den kindlichen Erwartungen an die Allmacht der Mutter. Selbst exquisit Männliches wie Erektion und Ejakulation werden zur Aufgabe der Partnerin erklärt: Sie ist dafür zuständig, dass sie gelingen. Die Aufgabe des Partners ist es, Löcher im Selbstgefühl zu plombieren und alle Brüche zu kitten. Wenn ich meiner Frau nur oft genug sage, dass sie sexuell versagt hat, wird sie plötzlich ihr altes Ich abwerfen und verführerisch vor mir stehen, genauso, wie ich sie mir immer gewünscht habe.

Die vorwurfsvolle Reaktion lässt sich als idealistischer Ansatz einem realistischen oder pragmatischen Umgang gegenüberstellen.

Im idealistischen Modell einer Liebesbeziehung stellen die Partner eine Einheit her, in der alle Wünsche erfüllt werden und Verhandlungen über unterschiedliche Positionen überflüssig sind.

So gehört der Vorwurf zum idealistischen Modell. Der angeschuldigte Partner soll mit sich selbst ins Gericht gehen, sein Versagen bereuen und sich bessern, um seine Pflicht zu erfüllen, alle Bedürfnisse zu teilen und nach Kräften zu befriedigen.

Ich habe in Gruppen- und Einzeltherapien inzwischen rund zweihundert Paare analysieren können; davon waren 23 interkulturell, das heißt, einer der Partner hatte deutsche Eltern, der andere solche aus anderen Nationalitäten. Den Glauben an die Wirkung von Vorwürfen habe ich vorwiegend bei den deutschen Partnern gefunden.

Solche Beobachtungen sind kein Beweis.[74] Es kann auch sein, dass Migranten generell besser darin geübt sind, sich pragmatisch auf Situationen einzustellen. Aber diese Beobachtungen fügen sich gut in den Kontext einer für die deutsche Psyche charakteristischen extremen Sensibilität für symbiotische Ansprüche.

In international operierenden Konzernen wird die Suche nach dem *Schuldigen* für das Problem als »deutsch«, die Suche nach einer *Lösung* als »amerikanisch« oder »japanisch« akzentuiert. Das sind Stereotype. In jedem Menschen ist die symbiotische Sehnsucht nachweisbar, die nach einem paradiesischen Zustand sucht, indem sie die Wurzeln aller Störungen in das Versagen des symbiotischen Objekts hinein verfolgt. In allen Kulturen gilt ein pragmatischer

---

[74] Florian Coulmas (*Die Deutschen schreien. Beobachtungen von einem, der aus dem Land des Lächelns kam*, Reinbek bei Hamburg 2001) kommt zu vergleichbaren Ergebnissen in Bezug auf die deutsche Neigung, Vorwürfe zu machen und angesichts eines Problems erst einmal einen Schuldigen zu suchen, statt es pragmatisch anzugehen.

Umgang mit Frustrationen als »reifer« als der rachsüchtige oder vorwurfsvolle.

Das Verständnis für die Verankerung einer seelischen Thematik in Nationalität und damit Geschichte sollte weder überschätzt noch entwertet werden. Auch mit einer vorwurfsvollen Position können wir vorwurfsvoll oder pragmatisch umgehen. Wer in einem Konflikt schreit, glaubt an die Wirkung von Drohungen und zeigt seine Bereitschaft, die Gefühle eines Gegenübers zu ignorieren. Er glaubt letztlich daran, dass sich durch Druck eine Beziehung verbessern lässt. Die Erkenntnis, dass das nicht funktioniert, ist trivial. Aber woher die Kraft nehmen, nicht in solche Affekte zu verfallen? Und hat nicht in gar nicht so ferner Vergangenheit ganz Deutschland mitgeschrien und sogar eine ganze Weile Erfolg gehabt mit seiner Strategie, durch Drohungen seine Position in Europa durchzusetzen?

»Ich hätte das Gefühl, mich selbst aufzugeben!« Mit diesem Satz wirbt Vanessa Z. um Verständnis für ein Verhalten, das sie selbst nicht angemessen findet. Wenn ihr Ehemann Hagen Z. auf sie kalt, unzugänglich, an ihren Sorgen über ihre Ehe desinteressiert und gegenüber Vorschlägen zu deren Verbesserung (»seiner Leistungssteigerung«, so hört er) abweisend wirkt, verfolgt sie ihn ohne Rücksicht auf sein Schlafbedürfnis.

Sie weckt ihn auf, weil sie selbst vor Angst nicht schlafen kann und es sie wütend macht, wenn er friedlich neben ihr atmet. Wenn Hagen sie bittet, ihn doch schlafen zu lassen, legt sie das als krasse Lieblosigkeit aus. Wenn er das Schlafzimmer verlässt und sich in seinem Arbeitszimmer einsperrt, um auf dem Sofa dort Ruhe zu finden, trommelt sie gegen die Tür. Er *muss* ihr Rede und Antwort stehen, wenn er sie liebt!

In der paaranalytischen Sitzung stimmt sie sofort zu, dass Hagen seinen Schlaf brauche und auch haben solle. Aber sie fürchte in solchen Situationen, *ihre* Identität zu verlieren, wenn sie *seine* Abweisung hinnehme und den Versuch aufgebe, diese Grenze zu überschreiten.

Gewalt und Drohung in Beziehungen erwachsen aus solchen Differenzen. Sie werden oft dem angelastet, dem eine Grenzverletzung (etwa durch ärztliches Attest) nachgewiesen werden kann. Aber haben nicht bisher die Partner alles getan, um ebendie Grenze aufzulösen, die jetzt verletzt worden sein soll? Wie der Fall von Gustl Mollath zeigt, kann eine solche Grenzauflösung in der Tat dazu führen, dass der schwächere Partner nach der definitiven Trennung zum »Verrückten« erklärt wird.

Fast immer wird die Grenze unberechenbar und willkürlich gezogen. Beide Partner haben versäumt, sie zu festigen und zu klären. So wird dem mit Selbstmord oder Tätlichkeiten drohenden Partner »verziehen« und ihm erlaubt, seine Aktionen als Versehen oder Zufall hinzustellen. Damit kann der großzügig verzeihende Partner sein Selbstgefühl auf ungute Weise erhöhen. Er ist überoptimal liebesfähig, er erträgt einen Menschen, den andere längst aufgegeben hätten.

Im Fall von Vanessa und Hagen ließ sich die Geschichte dieser gemeinsamen Selbstüberschätzung rekonstruieren. Hagen hatte sich durch seinen Vater entwertet gefühlt. An seiner Mutter, die dem zynischen, gewalttätigen, aber beruflich erfolgreichen Vater nichts entgegensetzte, fand er keinen Halt. Die jüngere Schwester, die dem Vater schmeichelte und ihn ausnutzte, verachtete er. Hagen war mit 18 Jahren ausgezogen und hat seither von seinen Eltern keinerlei Unterstützung mehr angenommen. Er war beruflich sehr erfolgreich und arbeitete täglich zwölf bis vierzehn Stunden.

Die krassen Empathie-Defizite des Vaters hingen mit dessen Schicksal in der NS-Zeit und in der Kriegsgefangenschaft zusammen. Nachdem Hagens erste, sehr früh eingegangene Ehe gescheitert war, verliebte er sich in Vanessa, die damals um ihre Autonomie kämpfte und im Begriff war, sich von ihrem Ehemann zu trennen. Sie hatte drei Kinder mit einem unzuverlässigen, immer wieder mit seinen Projekten scheiternden Partner, der sie nicht unterstützte und betonte, er lasse sich nicht einsperren und sei auf der Suche nach der Liebe seines Lebens, die ihm Freiheit gebe und ihn nicht an die Kette legen wolle.

Vanessa hatte ihr Pädagogikstudium unterbrochen und einen Job angenommen, um die Familie zu finanzieren. In seiner zupackenden Art und seinem unbewussten Ehrgeiz, ein besserer Vater zu sein als Vanessas Partner und dahinter sein eigener Vater, hatte Hagen sich sehr schnell seinen Platz in der Patchwork-Familie erobert.

Er wollte unbedingt schnell heiraten, wollte die Kinder adoptieren, er entlastete Vanessa finanziell, sodass sie ihr Studium abschließen konnte, und war überglücklich, als sie noch einmal schwanger wurde. Mit der scheinbaren Vollendung des Glücks begannen dann die Probleme. Vanessas Kinder waren eifersüchtig auf das Baby und ließen Hagen das spüren.

Dieser reagierte höchst empfindlich und forderte von Vanessa Solidarität. Er habe keinerlei Verständnis für solche Zicken. Absolute Solidarität sei die Grundlage einer richtigen Familie. Sie verziehe die Kinder, äußere gar Verständnis für ihre Schwierigkeiten, statt wirklich zur Realität der neuen Familiensituation zu stehen und sie ihnen energisch klarzumachen. Wenn sie zögere, die Gemeinschaft einzufordern, müsse diese scheitern. Wolle sie wirklich alles kaputt machen?

Vanessa fühlte sich zerrissen. Sie bemerkte jetzt, wie kränkbar und anspruchsvoll Hagen war, den sie bisher als die Großzügigkeit in Person erlebt hatte. Er duldete keinen Flecken auf seinem Schild, hatte die genauesten Vorstellungen davon, wie liebevolles Verhalten zwischen Geschwistern, zwischen Eltern und Kindern, zwischen Ehepartnern aussehen musste, sagte in ein paar knappen Sätzen, was wieder falsch gelaufen sei, und zog sich dann mit einem Schweigen zurück, das in seinen Ängsten wurzelte, als Mann versagt zu haben, von Vanessa aber als eiskalte Abkanzelung empfunden wurde.

Es waren heftige Trennungsängste, die Vanessa zur Verfolgerin Hagens machten. Sie konnte nicht das Wirkungsvollste tun und Hagen in aller Ruhe seinen Illusionen über Geschwistersolidarität und Familienharmonie nachtrauern lassen. Der an sich gutwillige und sehr intelligente Mann hätte das vermutlich leisten können, wenn Vanessa nicht versucht hätte, ihm mit allen Mitteln klarzumachen, dass er die Situation falsch sah.

Vanessas Eltern waren sehr jung gewesen, als sie – gezwungenermaßen – heirateten, weil die 18-jährige Mutter schwanger wurde. Vanessa wuchs bis zur Geburt ihrer sechs Jahre jüngeren Schwester bei ihrer Oma väterlicherseits auf. Ihre Mutter hasste ihre Schwiegermutter, war aber auf sie angewiesen. Sie duldete nicht, dass Vanessa traurig war und Sehnsucht nach der Großmutter hatte, wenn die Mutter an den Wochenenden ihre Tochter abholte und »erzog«. Vanessa sollte ein schmuckes kleines Mädchen sein, nicht so verwildert, wie es die Großmutter zuließ, die nicht in der Stadt, sondern in einem Häuschen mit Garten und Hühnerstall lebte.

Vanessa wurde die Unfähigkeit zur Trauer gewissermaßen anerzogen. Sie musste der Mutter die Sicherheit vermitteln, dass sie eine *gute* Mutter war. Vanessa musste glücklich sein und sich freuen, wenn die Mutter mit ihr Tee aus dünnschaligen Porzellantassen trinken, klassische Musik hören und Gebäck essen wollte.

Vanessas kaum überwindbare Angst, Hagen gänzlich zu verlieren, wenn sie seinen Rückzug zuließ, weckte die im Kindesalter unterdrückte Wut gegen den mütterlichen Druck und richtete sie gegen Hagen, der ihr doch versprochen hatte, sie zu lieben. Sie würde sich nie wieder so erniedrigen lassen, wie sie sich durch ihre Mutter erniedrigt gefühlt hatte.

Um solche Reaktionen zu verstehen, muss sich der Beobachter klarmachen, dass nicht die kindliche (ödipale) Situation allein die seelische Entwicklung prägt, sondern vor allem auch deren Bearbeitung durch das Selbstgefühl des Jugendlichen. In der adoleszenten Erlebniswelt werden mit den Werkzeugen des eben erwachten, reflektierenden Bewusstseins die Entscheidungen geschmiedet, welche den Umgang mit Liebe und Bindung bestimmen. Aus diesen Quellen speist sich das von Vanessa beschriebene Gefühl, sich selbst aufzugeben, wenn sie nicht wider besseres Wissen Hagen verfolge. Sie muss es tun, denn sie hat sich geschworen, als Erwachsene nie wieder das hinzunehmen, was ihr während ihrer Kindheit angetan wurde.

Therapeutisch fruchtbar ist hier die Einsicht, dass die Entscheidung für den Partner gut war und ist, auch wenn dieser in einzelnen Verhaltensweisen und Reaktionen das imaginäre Versprechen nicht hält, genau zu passen, *ganz* gut zu sein. Die Symbiose schreit nach perfekter Übereinstimmung; die Lebensrealität orientiert sich am Schwanken um ein Zentrum, an den Abweichungen von einer idealen Situation.

Die Mutterbrust wird bald zu viel, bald zu wenig Milch spenden – wenn das Baby überlebt, hat sie ihre Aufgabe erfüllt. Liebe ist kein stabiles Gefühl. Die Mitte zwischen Selbstaufgabe und Trennung muss immer wieder neu gefunden werden, ähnlich wie ein Fahrer niemals von Anfang an eine Ideallinie halten kann. Er kommt wohlbehalten an, wenn er durch ständige Korrekturen den Graben ebenso erfolgreich vermeiden konnte wie den Gegenverkehr. Wer erst losfährt, sobald er sich absolut sicher ist, stets die Ideallinie zu halten, wird wohl nie aufbrechen.

Diese Gedanken orientieren sich an Donald Winnicotts Beobachtungen über die Mutter, die »gut genug« ist.[75] Vanessas Geschichte illustriert, wie in belasteten Familien die Mutter durch ihr Streben nach Perfektion in dem Kind immer wieder Ängste weckt, wertlos und verlassen zu sein.[76] In ihrer Beziehung zu Hagen sucht Vanessa diese Ängste abzuwehren, kann aber nicht vermeiden, sie gerade dadurch zu wecken. Ein »gut genug«, das zufrieden sein darf, wenn Extreme im Schlechten vermieden werden können, entspricht einer Tradition des Kompromisses, die der britischen Mentalität näher ist als der deutschen.

Künstlern und Kindern ist die Problematik der Verbesserung des Guten vertraut. Sie hängt damit zusammen, dass wir ungestörtes Funktionieren dann »langweilig« finden, wenn es »zu lange« anhält. Wann das Gefühl der Langeweile einsetzt und wie wir damit umgehen – individuell, aber auch kollektiv –, das zeigen die folgenden Beispiele.

Als Kind bekam ich zu Weihnachten Spielzeug, Autos zum Aufziehen, einen Fotoapparat, eine Dynamotaschenlampe oder einen »Kosmos«-Baukasten mit sprechenden Namen wie Opticus oder Mechanicus. Das Aufziehauto und die Dynamotaschenlampe wurden nach einigen Tagen »langweilig«. Mit Hilfe eines in der Besteckschublade meiner Mutter gefundenen Schraubenziehers und

---

[75] Die »ausreichend gute Mutter« (»good enough mother«) geht auf die Bedürfnisse des Babys so weit ein, dass dieses sich nie komplett verlassen fühlt. Dann löst sich die Mutter aus dieser Verbindung, die Winnicott auch mit einer »gutartigen Psychose« vergleicht, sodass das Kind lernen kann, dass die Mutter nicht Teil von ihm ist. Vgl. D. W. Winnicott: *Reifungsprozesse und fördernde Umwelt. Studien zur Theorie der emotionalen Entwicklung*, Gießen 2002.

[76] Entsprechend hat Gudrun Brockhaus in ihren Analysen der NS-Mentalität wiederholt darauf hingewiesen, dass die kompromisslose Idealisierung der arischen Rasse Selbstzweifel weckt: Ist ein Brillenträger mit kariösen Zähnen noch tragbar, oder muss er fürchten, zum »lebensunwerten Leben« gerechnet zu werden? Vgl. Brockhaus, *Schauer und Idylle,* a. a. O.

meines Taschenmessers suchte ich in ihr Inneres zu gelangen, hatte aber viel zu wenig technisches Verständnis und praktisches Geschick, um sie hinterher auch wieder zusammenzusetzen.

Dem Fotoapparat blieb dieses Schicksal erspart. Ähnlich wie die Baukästen zwang er mir keine Routine auf, sondern ermöglichte es mir, Neues zu machen und so meine Neugier zu befriedigen. Als ich mein Spielzeug zerlegte, wollte ich es nicht zerstören. Ich war traurig, als es nicht mehr funktionierte, und diese Erfahrung lehrte mich, später mit Fahrrad und Moped schonender umzugehen.

Jeder Künstler sammelt, solange er arbeitet, Erfahrungen über einen Grenzbereich, in dem eine Arbeit noch verbessert werden kann oder bereits wieder verschlechtert wird. Am deutlichsten ist dieser Grenzbereich in der »höchsten aller Künste« nach dem Urteil Michelangelos, der echten Bildhauerei *per forza di levare*, in der die Skulptur verdorben ist, wenn der Steinmetz sie »verschlägt«, das heißt *zu viel* von dem Material entfernt, das seine »Idee« verbirgt. Michelangelos großer Gegenspieler Leonardo vertrat den höheren Rang der Malerei, weil mit ihr nicht nur mehr erfasst werden kann, sondern bei bestimmten Techniken (wie Öl auf Leinwand) auch die Möglichkeiten der Korrektur nahezu unendlich sind.[77]

Die Unsicherheit, ob ich etwas Besseres gewinne, wenn ich das Vorhandene aufgebe, spiegelt die kindliche Situation des Wechselspiels von Individuation und Symbiose wider. Wer bei der Mutter bleibt, ist sicher, aber in ihrem Kreis gefangen; wer ihn verlässt, kann Neues erobern – um den Preis der Unsicherheit. Dieses Dilemma wiederholt sich im Grunde in jeder Beziehung. Wie in der Ablösung von der Mutter geht es darum, die Trennung so zu gestal-

[77] Diese Thematik wird ausführlich untersucht in: Wolfgang Schmidbauer: *Freuds Dilemma. Die Wissenschaft von der Seele und die Kunst der Psychotherapie*, Reinbek bei Hamburg 1999.

ten, dass eine Wiederannäherung möglich bleibt. Die Symbiose soll als Möglichkeit in der Individuation erhalten bleiben und umgekehrt die Möglichkeit zur Individuation in der Symbiose nicht völlig aufgelöst werden.

Die Problematik der Verbesserung des Guten (mit der Gefahr seiner Verschlechterung) in Beziehungen hängt mit dem Bestreben zusammen, einen harmonischen Idealzustand zu erreichen, der mit dem Bedürfnis, Individuum zu bleiben, in Konflikt gerät. In dem obigen Beispiel hat Vanessa das Gefühl, sich selbst aufzugeben, wenn sie darauf verzichtet, Hagen mit den psychischen Entsprechungen jener Werkzeuge zu behandeln, mit denen der Bildhauer seine Statue zu vollenden sucht.

Vanessa will zurückgewinnen, was sie besessen hat. Über diesem von Verlustängsten diktieren Streben verliert sie die Fähigkeit, zwischen Fantasie und Wirklichkeit zu unterscheiden. Sie macht Hagen unzufrieden, zurückgezogen und abweisend, indem sie versucht, die Beziehung ein für alle Mal von Unzufriedenheit und Zurückweisung zu befreien.

Insofern gilt Freuds Satz, dass die Hysterischen an Reminiszenzen leiden, bis in die Mobbing- und Stalking-Szenarien der Gegenwart: Es geht um die Erinnerung an einen idealen Zustand, an eine Symbiose. Die Oase des »Ich besaß es doch einmal!« ist eine Fata Morgana. Sie wird gefährlich, wenn wir auf unserer Wanderung durch die Wüste die realen Oasen an ihr messen und in keiner verweilen dürfen, weil sie neben diesem Traumbild kläglich wirkt. »Wenn ich bei *diesem* Hagen bleibe und mich mit ihm abfinde«, scheint Vanessa sich zu sagen, »dann gebe ich mich selbst auf, dann verliere ich für immer den *wirklichen* Hagen, den mir das Schicksal schuldet!«

Es ist eine der seelischen Folgen von Angst, dass sie die Dimensionen des Welterlebens »verrückt«: Eine »Kleinigkeit« kann den gesamten Erlebnishorizont ausfüllen und vollständig beherrschen. Wenn sie nicht »erledigt« wird, vernichtet sie auch die Lebensmöglichkeiten des Subjekts.

Wenn diese Krise ohne größere Schäden überwunden werden kann, wird ihr Anlass für die Beteiligten zum Rätsel. Der Ehemann, der nach einer winzigen Kritik an seinem Fahrstil so riskant fährt, dass die Familie knapp einem lebensgefährlichen Unfall entgeht, weiß nachher nicht mehr, was ihn da geritten hat.

In der Paaranalyse ist es nicht die Ausnahme, sondern die Regel, dass Paare sich zwar an die Eskalation und die Folgen eines solchen Streits erinnern, den Anlass aber »vergessen« haben, weil sie sich gemeinsam schämen, so kleinen Störungen so große Macht eingeräumt zu haben.

Wenn *vielleicht* eine Giftschlange zum Lagerfeuer kriecht, können die steinzeitlichen Jäger sich nicht auf den großen friedlichen Himmel und die Ruhe der Steppe berufen. Sie müssen sich schnell und maximal auf diese Gefahr konzentrieren. Ihr Alarmzustand darf erst abklingen, wenn die Gefahr bewältigt ist – in den meisten Fällen dadurch, dass die Harmlosigkeit des Geräuschs zur Gewissheit wird.

Störungen der Symbiose sind solche Schlangen. Der Mensch verfügt primär über kein vernünftiges Angstmuster. Er neigt dazu, *alle* Schlangen maximal zu fürchten, sie totzuschlagen und erst *nachher* zu entscheiden, ob es sich um eine giftige Otter oder eine harmlose Natter handelte.

Die sexuelle Hingabe ebenso wie die in ihr wurzelnde Generativität schaffen eine neue narzisstische Einheit. Sie machen die Individuen auf eine katastrophenträchtige Weise durchlässig, als hätte sich durch die Pforte, die vom Eros geöffnet wird, auch eine mörderische Wut eingeschlichen. Der Ehepartner ist nach jedem Mord der erste Verdächtige, aus gutem statistischen Grund. Wären sie

Singles geblieben, würden Opfer und Täter sich noch eines unbeeinträchtigten Lebens erfreuen.

Wer Glück als Seelenruhe und Abwesenheit von Schmerz definiert, hat in einem zölibatären Leben die besseren Chancen.

Dora und Martin sind seit dreißig Jahren verheiratet. Sie sind beide beruflich erfolgreiche Akademiker und haben zwei wohlgeratene Töchter. Ihren Bekannten gelten sie als mustergültiges Paar. Auf ihren Festen spielen sie die Gastgeberrolle perfekt – und sind dennoch oft so unglücklich miteinander, dass sie an Trennung denken. Martin, der vor seiner Karriere als Manager Theologie studierte und ein glänzender Redner ist, erklärt manchmal, er habe sich nach der Geburt der zweiten Tochter bewusst für die Familie entschieden, aber auch erkannt, dass er mit Dora nicht glücklich sein könne, weil sie einfach nicht in der Lage sei, positiv zu denken und ihn anzuerkennen, statt ihn ständig erziehen zu wollen.

Dora sagt etwas eingeschüchtert, sie wolle ihn gar nicht erziehen, sie fürchte nur Martins Wutausbrüche, wenn sie einmal ihre Meinung sage und ihn in einem seiner Monologe unterbreche. Sie sei den Ton, den er anschlage, nicht gewöhnt. Er habe auch den Kindern Angst gemacht. Martin sei die Liebe ihres Lebens, sie verstehe nicht, warum er das nicht spüre, sondern sich von ihr abgelehnt fühle, sobald sie nicht alles von A bis Z wundervoll finde, was von ihm komme.

Die beiden sollen ein Beispiel erzählen, finden aber zunächst keines, es seien einfach Kleinigkeiten, jede für sich belanglos, es gehe doch um das große Missverstehen – Dora könne nichts annehmen, Martin keine Kritik vertragen.

Endlich eine konkrete Geschichte. Martin hat am Sonntag Frühstück gemacht. Er löffelt sein Müsli, beide lesen die Zeitung. »Schmatz bitte nicht!«, sagt Dora. »Du kannst auch jede Stimmung verderben«, schreit Martin. »Es ist ein schöner Tag, ich habe eigens Mangos gekauft, Obstsalat gemacht, kein Wort davon, aber die Gouvernante schläft nie! Ich war entspannt, ich habe nicht daran gedacht, die Kinder sind nicht da, kein schlechtes Vorbild für niemanden, aber kannst du darauf verzichten, mich zu erziehen? Nein, kannst du nicht!« Er stürmt hinaus, Dora kann ihn nur mühsam davon abhalten, alleine zu einer Bergtour aufzubrechen, die sie beide zusammen unternehmen wollten.

»Es geht nicht um diese Kleinigkeit«, sagt Martin in der Paaranalyse. »Es geht um die Vorgeschichte. Dora vergleicht mich immer mit ihrem Vater. Ich bin der ungehobelte Kerl, der Prolet, ich habe ihr schon hundertmal gesagt, sie soll aufhören damit, aber sie kann es einfach nicht lassen, sie weiß doch genau, wie mich das aufregt.

»Ich habe mir nichts dabei gedacht«, sagt Dora. »Es hat mich nur gestört, es ist doch nur eine Unaufmerksamkeit, mit offenem Mund zu kauen, vielleicht ist es ja auch unaufmerksam von mir gewesen, kein anerkennendes Wort über das Frühstück zu sagen. Aber da muss doch nicht gleich losgebrüllt und ein ganzes Wochenende für verdorben erklärt werden, und dann immer diese Platte mit meinem Vater. Er hätte meine Mutter nicht angeschrien, das ist richtig, ich bin das nicht gewöhnt, so angebrüllt zu werden, ich finde das nicht in Ordnung.«

Die Szene wirkt auf den ersten Blick banal. Zufällig spielt sie zwischen deutschen Partnern, sie könnte doch überall spielen! Ich bin davon nicht überzeugt. Ich kann sie mir in Italien so wenig vorstellen, wie ich jemals in den Analysen interkultureller Paare beobachtete, dass eine vergleichbare Überschätzung von Benimm-Regeln *nicht* von dem deutschen Partner ausging.

Hinter Doras Verhalten steckt eine tief verwurzelte Angst vor dem Chaos, vor der Hingabe an den Trieb. Wenn sie ebenso wie Martin selbstvergessen in den Frühstückgenuss eintauchen könnte, würde sie sein Schmatzen nicht stören. Hinter Martins Reaktionen steht die Kränkung eines extremen Liebesbedürfnisses. Er muss anerkannt werden für das, was er tut, sonst fühlt er sich verlassen und bedroht. In solchen Situationen droht er dann Dora, sie zu verlassen. Einmal hat er ein Fenster aufgerissen und geschrien: »Wenn du nicht sofort aufhörst, springe ich!«

6. Die Motive der deutschen Ehe

Das neurotische Liebesbedürfnis: Geliebt wird, wer leistet

In ihrem Buch *Der neurotische Mensch unserer Zeit* hat Karen Horney das »neurotische Liebesbedürfnis« analysiert.[78] Als dessen Merkmale zählt sie auf:

1. Überanpassung,
2. Verlust an Spontanität,
3. den Wunsch, von allen geliebt zu werden,
4. die Unfähigkeit, Einsamkeit zu genießen,
5. Hörigkeit und Eifersucht,
6. hohe Kränkbarkeit.

Horney hatte die *soziale Angst* als das zentrale Problem der modernen Neurosen erkannt. Das neurotische Liebesbedürfnis ist sozusagen das Gegenmittel, von dem wir nie genug haben können. In der heutigen Gesellschaft ist die Fantasie übermächtig geworden, wegen der eigenen Leistungen geliebt zu werden. Das hängt mit jenen gesellschaftlichen Entwicklungen zusammen, die als Individualisierung beschrieben und in verschiedene Perioden gegliedert werden können.

---

[78] Karen Horney: *Der neurotische Mensch unserer Zeit.* Aus dem Engl. übers., von Gertrud Lederer-Eckardt, Stuttgart 1951. Die Originalausgabe erschien 1937 in New York unter dem Titel *The Neurotic Personality of Our Time.*

Zu Beginn der bürgerlichen Gesellschaft waren es fast ausschließlich die Männer, die durch Erfindungsgeist und Leistungsbereitschaft in der keimenden Industriegesellschaft Positionen besetzen konnten, die über ihren »Stand« in der traditionellen Gesellschaft hinausgingen. Schrittweise verlor die feudale Schichtung ihre Macht. Auf die Familien wirkte sich das so aus, dass sich narzisstische Erwartungen auf Kinder richteten, die bisher versorgt und als Arbeitskräfte im Haushalt benutzt worden waren, bis sie ihr Erbe antreten konnten.

Wer Leistung brachte und sich in soziale Forderungen fügte, konnte Rang und Macht gewinnen. Dem frühen Adel galt das Schwert weit mehr als die Feder; in der komplexen bürgerlichen Gesellschaft wurden Kulturtechniken unentbehrlich, die Anforderungen an ein »nützliches Glied der Gesellschaft« multiplizierten und differenzierten sich.

In einem zweiten Schritt erfasste die Individualisierung auch die Lebenspläne von Frauen. Während im 19. Jahrhundert noch die Hingabe an die berufliche Selbstverwirklichung des Mannes neben der Sorge um die Kinder als »natürliche« Aufgabe der Frau galt, setzt sich im 20. Jahrhundert eine prinzipielle Gleichheit durch. Sie stößt auf heftige Widerstände und wird im nationalsozialistischen Deutschland vom Gesetzgeber zum Teil zurückgenommen. Die letzten gesetzlichen Schranken fallen in Europa seit den Sechzigerjahren. Das Zerrüttungsprinzip löst das Schuldprinzip bei der Ehescheidung ab. Frauen können fortan ebenso wie Männer über ihre Berufstätigkeit entscheiden. Quotenregelungen werden diskutiert und zum Teil durchgesetzt, um die Karrieremöglichkeiten von Frauen zu fördern.

Es ist kein Zufall, dass parallel zu diesen Veränderungen ein seelisches Krankheitsbild immer häufiger wird: die Depression. Sie läuft gegenwärtig den früher dominierenden Beschwerden (Rückenleiden, Kreislaufprobleme) als häufigste Ursache von Arbeitsunfähigkeit den Rang ab. Wie vor allem die modische Bezeichnung »Burn-out« für depressive Zustände zeigt, ist die Depression der Schatten einer Selbstverwirklichung durch Leistung. Sie beruht auf einer leibseelischen Erschöpfung durch chronische Aggressionsunterdrückung, weil die Sehnsucht unerfüllt bleibt, für die eigenen Leistungen genügend Liebe und Anerkennung zu bekommen.

Die Betroffenen haben gelernt, aggressive Affekte und Geltungsbedürfnisse zu unterdrücken. Sie erwarten Entschädigung durch Geborgenheit und Liebe. Wenn diese Entschädigung zu spärlich fließt, stellen die wachsenden Aggressionen gegen die enttäuschenden Liebesobjekte das Ich vor massive Abwehrforderungen. Kann es diese nicht mehr erfüllen, ist die Depression der erträglichste Kompromiss.

Wer über dem vielen Guten, das er geleistet hat, zusammenbricht, der wird zwar für die ihm nahestehenden Menschen unbrauchbar, aber er bleibt insofern ein »guter Mensch«, als seine Hemmung, seine Schuldgefühle und sein Gefühl von Wertlosigkeit lediglich auf die Erschöpfung des bisherigen Lebenskonzeptes hinweisen. Dessen prekäre Wurzeln in einer Unterdrückung sperriger Seiten der eigenen Person dürfen im Dunkel bleiben.

Noch tragischer sind jene Entwicklungen, in denen respektable und bisher gut funktionierende Menschen dem drohenden Zusammenbruch ihrer Fassade durch Selbstmord zuvorkommen. Eine Erklärung der Depression als »angeborene Erkrankung des Gehirnstoffwechsels« schont das Selbstgefühl aller Beteiligten und erspart Auseinandersetzungen. Eine strikt psychoanalytische Untersuchung der Depression wird aus durchsichtigen Gründen selten vorgenommen; das sollte uns aber nicht daran hindern, sie zu versuchen.

Der deutsche Leistungswille mag überschätzt werden, aber er ist in Europa doch legendär und das beliebteste Stereotyp, das uns zugeschrieben wird. Dass sie faul seien und nicht zupacken wollen, haben auch ihre Hasser den Deutschen selten nachgesagt. Diese Komponente des deutschen Nationalgefühls prägte in der zweiten Hälfte des 19. Jahrhunderts und vor allem in der sogenannten Gründerzeit seit dem Beginn des preußischen Kaiserreichs die Menschen. Die Nationen konkurrierten miteinander um ihre nationale Produktivität, um die Qualität ihrer Güter und Waffen. Es ist ein bis heute gern zitierter Triumph, wie das Etikett *Made in Germany* – zuerst als Schutz britischer Stahlwaren vor der Konkurrenz des Emporkömmlings gedacht – zum Qualitätssiegel wurde.

Für die deutsche Beziehungsthematik nach 1945 ist aber eine zweite Eigenschaft ebenso bedeutungsvoll, eine sozusagen absolutistische Leistungsorientierung – sie ist die wichtigste Abwehr seelischer Verletzungen in einer individualisierten Gesellschaft: Wer pausenlos arbeitet, hält seine Ängste und seine innere Leere in Schach.

Dieser Leistungsfanatismus wird bei Überlebenden der Konzentrationslager ebenso beschrieben wie bei Heimkehrern aus der Kriegsgefangenschaft oder bei den Vertriebenen. Er wird in unterschiedlichen Formen tradiert, prägt aber die Fantasie einer Liebesbeziehung bis in die Gegenwart.

Depressionen sind ganz allgemein die Folge der Auflösung von Dorfgemeinschaften und Großfamilien. Horst Eberhard Richter hat in seinem Buch über den »Gotteskomplex« die manische Abwehr beschrieben.[79] Der Mensch erhebt sich zum Maß aller

---

[79] Horst Eberhard Richter: *Der Gotteskomplex. Die Geburt und die Krise des Glaubens an die Allmacht des Menschen,* Reinbek bei Hamburg 1979, Neuauflage Göttingen 2005.

Dinge, aber er verträgt diese Überhebung nur sehr bedingt. In der individualisierten Gesellschaft ist sie ein narzisstischer Größentraum, der zum Allgemeingut geworden ist und dessen Mangel auffälliger ist als sein Besitz. Dieser Größentraum raubt dem Menschen die Sicherheit, in Traditionen und Gruppen geborgen zu sein.

In traditionellen Gesellschaften gibt es mehr Gefahren für Leib und Leben als in den zivilisierten, aber es gibt auch mehr Schutz vor inneren Gefahren, vor allem vor der, sich in der Angst vor dem Leistungsversagen sozusagen vor sich selbst zu fürchten: vor Schwäche, vor Entwertung.

Der Fortschritt hin zur Individualisierung ist wahrscheinlich[80] nicht mehr rückgängig zu machen. Ihr Preis ist die Depression. Diese ergibt sich zwangsläufig aus dem nun möglichen Zusammenbruch der Selbstüberforderung, dass ein Mensch sich selbst in Einsamkeit und Freiheit gestalten kann, ohne auf Liebeszufuhr angewiesen zu sein.

In der Depressionsgefährdung spielen traumatische Ängste aus der Kindheit eine wichtige Rolle. Wer in seinen frühen Jahren erlebt hat, dass er auch dann Schutz und Fürsorge haben kann, wenn er Erwartungen seiner Bezugspersonen *nicht* erfüllt, ist sehr viel besser in der Lage, sich von seinen Größenfantasien und seiner manischen Abwehr zu distanzieren, Niederlagen und Enttäuschungen mit Trauer oder Humor zu verarbeiten und sich in einem mittleren Bereich zwischen Allmacht und Scheitern zu positionieren.

---

[80] Immerhin wachsen auch in den Fundamentalismen der Religionen und in faschistischen Haltungen Versuche, genau das zu leisten: das Ich zu annullieren und die frühere Macht des Kollektivs wieder einzuführen, nach dem Motto: Du bist nichts, dein Volk, dein Glaube, dein Gott sind alles.

Viele haben dieses Aufgefangenwerden nicht erlebt. Entweder weil Bezugspersonen und einfühlende Menschen fehlten,[81] oder weil im Umgang mit dem Kind die Mittel der »schwarzen Pädagogik« (Inszenierung von Schuldgefühlen, Entwertung spontanen Verhaltens, sadistische Strafen) vorherrschten. Auch an sich gutwillige Eltern können oft nicht einfühlend mit kindlichen Unvollkommenheiten umgehen. Sie sind durch eigene Ängste blockiert, aus dem Kind würde »nichts werden«, wenn sie seinen Willen nicht brechen. Fundamentalistische Sekten wie die »Zwölf Stämme« bieten hier sogar überweltliche Gründe an: In der Bibel werde doch gefordert, Kinder zu züchtigen, um sie Gottesfurcht und Gehorsam zu lehren.

Vor allem aber reagieren Kinder auf die Bedürftigkeit ihrer Eltern und versuchen unter oft großen Opfern, diese zu stabilisieren. (Daher wollen auch misshandelte Kinder so oft in die Familien zurück, die sie gequält haben.) Wer unter solchen Bedingungen aufwächst, wird auch in einer Größenfantasie stimuliert: Er kann die Eltern erlösen. Sie brauchen ihn mehr als er sie. Den Betroffenen fällt es schwer, diese manische Abwehr zu lockern, ehe sie völlig zusammenbricht. Die folgende Depression ist dann ihnen und ihrer Umgebung rätselhaft: Wie kann jemand, der bisher so gut funktioniert, so viel geleistet hat, derart radikal jede Zuversicht, Selbstanerkennung und Selbstfürsorge verlieren?

In individualisierten Liebesbeziehungen setzen sich Chance und Gefahr der manischen Abwehr fort. Sie ist zum Liebesprinzip geworden, denn Verliebtheit ist immer auch manische Abwehr zu

---

81 Ein Schutz vor Depressionen besteht auch im Dissozialen: In einer kriminellen Karriere sind stets andere schuld, wenn eigene Größenwünsche auf Hindernisse stoßen. Da sich hier die Aggressionen nach außen richten, kann die typische Inversion der Wut gegen das eigene Ich nicht auftreten. Es ist kein Zufall, dass diese Projektion des Bösen nach außen auch in den Streitehen stattfindet; in der Tat ist auch die Bereitschaft, in einem solchen Streit kriminell zu agieren, nicht zu unterschätzen.

zweit. Nichts kann Menschen mehr mitreißen, bewegen, zu Baumeistern neuer sozialer Formen an unerwarteten Orten machen als eine Verliebtheit. Die Symbiose mit einem Gegenüber, das neu ist und voller Überraschungen, ist wie ein Schatzfund. Aber wie es Schatzfunden eigen ist: Nicht immer bewahren sie das Gute, das sie zu Beginn versprachen.

In einer Ehe steht zwischen der Manie der Verliebtheit und dem Absturz in die Depression der Partnerkampf. Seine Dynamik: Ich habe alles dafür getan, werde alles tun, um die Beziehung so zu gestalten, wie sie sein muss. Wenn das nicht gelingt, liegt es am Gegenüber, das sich gegen die *richtige Liebesbeziehung*, die *normale Ehe* sperrt.

Sicher sind Partnerkämpfe ein Risiko jeder modernen, nicht allein der deutschen Ehe. Aber in Deutschland werden sie besonders häufig und rechthaberisch geführt.[82] Sicher ist auch die Depression ein allgemeines Risiko in zivilisierten Gesellschaften, aber im deutschen Selbstgefühl ist die Gefährdung durch eine manische Verleugnung von Grenzen besonders ausgeprägt, ebenso wie die Nibelungentreue zu den eigenen Wertvorstellungen und damit die »Unfähigkeit zu trauern«. Bald wird den Deutschen übertriebenes Selbstbewusstsein und Erlöserpathos zugeschrieben (Schlagzeilen wie: »Wir sind Papst« oder »Müssen wir Deutschen das Klima retten?«, gehen tatsächlich in diese Richtung), dann aber wieder eine Kultur des Jammerns und »German Angst«. Tiefenpsychologisch ist das kein Widerspruch: Manische Abwehr und Depression, Größenfantasie und Entwertungsangst sind immer zwei Seiten einer Medaille, sie bedingen sich gegenseitig.

Zentral für die deutsche Befindlichkeit nach 1945 ist aber das neurotische Liebesbedürfnis. Es war schlechterdings nicht zu ver-

---

[82] In diesem Punkt ist Deutschland wohl auch das am meisten enttraditionalisierte und damit am stärksten den USA angeglichene Land Europas.

kraften, gelassen und realistisch dem Hass ins Auge zu sehen, den die von den Expansionsgelüsten des Herrenmenschentums gebeutelten Nachbarn ebenso empfinden mussten wie die Angehörigen der verfolgten und ermordeten Minderheiten aus der Mitte des deutschen Volkes. Ausreden wie: »Uns ist auch Schlimmes geschehen«, »Wir hatten auch viele Opfer«, »Wir haben unsere Ostgebiete verloren« und »Wir haben Reparationen bezahlt«, stehen für die Wünsche, diesen Hass auszuhebeln und eine eigene Opferrolle zu finden.

»Und was haben die mit den Indianern gemacht?!«, war die erste Reaktion der Mutter eines deutschen Schülers, als dieser zu Hause erzählte, er sei während eines Auslandsaufenthaltes von seinen Mitschülern auf die Judenvernichtung angesprochen worden.

Helmut Kohl eröffnete am 24. Januar 1984 seine Rede vor der Knesset in Israel mit den Worten: »Ich rede vor Ihnen als einer, der in der Nazizeit nicht in Schuld geraten konnte, weil er die Gnade der späten Geburt und das Glück eines besonderen Elternhauses gehabt hat.«

Hier wird an die Zuhörer appelliert, Gnade walten zu lassen, durch ihre Abneigung hindurch zu lieben. Was sollen ein Geburtsdatum und Gnade als Erlass verdienter Strafe miteinander zu tun haben? Der Satz spiegelt das deutsche Liebeswerben mit schiefen Argumenten.

Auf einer Tagung zur Dynamik von Erinnern und Vergessen der NS-Vergangenheit gibt sich eine Studentin in der Diskussion als Jüdin zu erkennen. Sogleich fordert ein älterer Mann »Sie als Jüdin!« im Befehlston auf, endlich zu sagen, was die Deutschen noch tun müssten, damit ihnen die Nazizeit nicht ständig vorgehalten werde.

Auf einem Treffen deutscher und jüdischer Psychoanalytiker in Israel beklagen sich die deutschen Teilnehmer, dass so wenige Juden gekommen sind, obwohl doch die Anreise für sie viel kürzer wäre.[83] »Vielleicht wären mehr gekommen, wenn eure Eltern nicht so viele unserer Eltern umgebracht hätten«, lautete die Antwort.

Das neurotische Liebesbedürfnis führt hier dazu, dass ein Zweifel an der eigenen Existenzberechtigung in die Umgebung projiziert und von dieser Zuwendung und Bestätigung gefordert wird. Die Mutter, die sofort zum Gegenangriff ansetzte und die rassistische Behandlung der Ureinwohner ins Spiel brachte, Helmut Kohl vor dem Parlament des jüdischen Staates, der ältere Mann angesichts einer jüdischen Studentin – sie alle können nicht ohne die Unterstellung einer unersättlichen Feindseligkeit argumentieren. Karen Horney könnte gewiss viel Erhellendes zu diesen und zu den Mobbing-Szenen insgesamt sagen, in denen das neurotische Liebesbedürfnis eine zentrale Rolle spielt.

Das Gegenüber soll die eigenen Zweifel ausräumen, am falschen Platz und nicht liebenswert zu sein. Je weniger ich die Juden liebe, die mir Schuldgefühle machen könnten, desto intensiver möchte ich von ihnen geliebt werden – sie sollen ihre Liebe gefälligst beweisen, sonst muss ich leider feststellen, dass sie selber am Antisemitismus schuld sind.

Die charakteristische Qualität, die auch in den Streitehen deutlich wird, liegt nicht nur im *Inhalt* des Arguments, welches danach trachtet, einen nicht ausgesprochenen Verdacht vorab zu erledigen, sondern auch in der *Hast*, mit der es vorgebracht wird. Die Verteidigung unterstellt eine Anklage und bekämpft sie im Voraus. Obwohl sich das Gewicht der Traumatisierungen extrem unterscheidet, zeigt die Aggression aus dem enttäuschten Liebesbedürfnis

[83] Nebenbei ein sprechendes Beispiel für die deutsche Vorwurfskultur, die hier freilich ihren Meister gefunden hat.

heraus (das »Mobbing in der Liebe«) auch, wie begrenzt und in gewisser Weise monoton das Repertoire unserer Kränkungsverarbeitung ist.

Meine gute Absicht, mein Bemühen wird verkannt. Das kann nur zwei Ursachen haben:

1. Mangel an Einsicht oder
2. bösen Willen

Gegen den Mangel an Einsicht hilft intensive, rechthaberische Belehrung. Nützt sie nichts, liegt die zweite Ursache vor. Kampf ist angesagt. In diesem Kampf verstummt die Frage nach der Differenz und schweigt die Empathie. Nur wo es nicht darum geht, das Selbstgefühl gegen einen Angriff (sei er real oder imaginär) zu verteidigen, sind Menschen in der Regel fähig, sich und anderen einzugestehen, dass das von mir als »gut« Erlebte für ein Gegenüber »schlecht« sein kann.

Die gemeinsame Größenfantasie: Wir werden das schaffen

Liebesbeziehungen und historische Krisen stehen in einem Spannungsverhältnis zueinander. Sobald sich die Anlässe von Gefahren für das Selbstgefühl aus dem politisch-wirtschaftlichen Bereich häufen, wachsen auch die Ansprüche, aus den erotischen Beziehungen mehr herauszupressen.

In Chroniken wird seit dem Mittelalter beschrieben, wie Pest und Kriegsgefahr das Liebesleben befeuerten. Angesichts der Volkskriege des 19. und 20. Jahrhunderts ist die schier unwiderstehliche erotische Anziehungskraft des jungen Soldaten zum literarischen Klischee geworden. Auch hier ist das grandiose, unrealistische Versprechen als Liebesbeweis verbreitet: »Ich komme zurück!« – »Ich warte auf dich!«

Ein hoch belastetes Selbstgefühl, das durch Verleugnung und Verdrängung Festigkeit gewann, war in Deutschland nach 1945 eher die Regel als die Ausnahme. Es betraf die Generation der Kriegsteilnehmer ebenso wie ihre Angehörigen, die vertriebenen Familien ebenso wie die durch Nähe zu den verbrecherischen NS-Organisationen Schuldigen und Beschämten. Fast alle Menschen waren durch wirtschaftliche und soziale Verlusterfahrungen gedemütigt und in ihrer Kränkungsverarbeitung geschwächt.

Entsprechend deprimierend sind die Erfahrungen der nächsten Generation mit ihren Ursprungsfamilien. Die Urteile von Autoren der Nachkriegszeit über das emotionale Klima in den Familien nach 1945 könnten negativer kaum sein. Der innere Druck, es nicht nur besser, sondern auch ganz anders zu machen, wurde immens. Das galt für die Erziehung, die vom idealistischen, völkischen Überschwang der NS-Zeit ins Skeptische und später Antiautoritäre kippte, ebenso wie für die sexuellen Beziehungen, in deren Gestaltung drei Modelle miteinander konkurrierten:

1. Restauration der konservativ-bürgerlichen Idylle. In der Kriegs- und Nachkriegszeit hatte das Notmatriarchat dazu geführt, dass in vielen Familien Frauen das Regiment übernahmen, Geschäfte und Betriebe führten, über die Erziehung der Kinder entschieden. Als die Männer aus Krieg und Gefangenschaft zurückkehrten, gaben viele dieser Frauen ihre Selbstständigkeit wieder auf. Sie verschwand wie ein Spuk, um das Selbstgefühl der beschädigten Männer zu schützen.
2. Gegen diese Restauration bezog die Generation der Achtundsechziger Position: Abschaffung der »bürgerlichen Ehe« als Ausbeutungs- und Unterdrückungsverhältnis. Medienwirksam wurde der Spruch der Kommune 1 in West-Berlin: Wer zwei-

mal mit derselben pennt, gehört schon zum Establishment. Hier bläht sich das frivole Modell Don Juans zur Kampfansage an die bürgerliche Familie. Ernsthaftere Debatten wurden über kollektive Erziehung (wie in den Kibuzzim in Israel), freie Liebe und gemeinsames Eigentum an teureren Konsumgütern geführt. Neue Familienstrukturen fanden viel öffentliches Interesse, setzten sich aber nur in wenigen, sektenhaft anmutenden Nischen durch. Die höchste Attraktion hatte und hat das dritte Modell.

3. Steigerung einer romantischen Liebesauffassung zu einem idealisiert-symbiotischen Bild der Zweierbeziehung, in der sich die Geschlechtsrollen auflösen und eine sexualisierte Dauerkameradschaft hergestellt werden soll. Eine Beziehungskiste, die sich als manische Symbiose beschreiben lässt, prägte das Geschehen in den Paarbeziehungen, die sich in Deutschland passend zu den grandiosen Erwartungen an das Wirtschaftswunder bildeten. Die symbiotischen Sehnsüchte sind durch den Zusammenbruch des Reformoptimismus der Studentenbewegung nicht realistischer geworden, im Gegenteil: Der in den Beziehungen ersehnte Halt wird in Zeiten der Globalisierung und unsicherer Zukunftsperspektiven wichtiger denn je.

Charakteristikum dieser Symbiose ist die von der Illusion absoluter Gemeinsamkeit getragene Größenfantasie. Die Partner sind überzeugt, dass sie sich gegenseitig neu erschaffen und von den Schlacken ihrer Ursprungsfamilien reinigen können. Ihre Ehe ist auf jeden Fall ganz anders und weit besser als die Ehen ihrer Eltern. An die Stelle des sturen Festhaltens an Rollen und Normen soll die Bereitschaft treten, über Konflikte zu sprechen, sich gegen Zwänge zu wehren, Klischees über Männlichkeit und Weiblichkeit zu hinterfragen.

Das Paar bildet sich unter dem Dach einer Utopie, die verspricht, die gemeinsame Liebesmühe werde alle Zaghaftigkeiten überwinden, die in schlechten Eindrücken von der Ehe der Eltern und früheren narzisstischen Kränkungen wurzeln. Jeder Partner *ist* für den anderen alles und *kann* alles leisten. Berufsarbeit und die Sorge für Kinder werden im Prinzip gemeinsam und gleichberechtigt erledigt.

Reale Einschränkungen dieser Absicht, die sich beispielsweise aus unterschiedlichen beruflichen Chancen, Verdienstmöglichkeiten oder Vermögensunterschieden in den Ursprungsfamilien ergeben, werden zunächst als vorübergehende Kompromisse eingeschätzt, welche das gemeinsame Ideal der Gleichheit und des Füreinander-Stehens nicht antasten. Sie ebnen den Vorwurfs- und Streitehen den Weg.

Die Größenfantasie festigt sich in der Verleugnung der Realität. Solange die Partner exklusiv aufeinander bezogen sind, spürt keiner, wie viele passive Bedürfnisse nach Anerkennung in der gemeinsamen »Aufbauarbeit« an der Beziehung befriedigt werden. Die Partner fühlen sich autonom, erwachsen, in sicherem Abstand von den Ursprungsfamilien, manchmal auch von ihrem bisherigen Freundeskreis.

Diese Distanz zum bisherigen sozialen Umfeld scheint in der deutschen Ehe besonders ausgeprägt. Anfangs sind sich die Partner oft ganz einig darin, ihre Ursprungsfamilien und Freundeskreise erst einmal auszuklammern, sie auf jeden Fall nicht in ihren privilegierten Ausnahmezustand einzubeziehen. Das unterscheidet die deutsche Ehe beispielsweise von den Beziehungen in den mediterranen Ländern, in denen die Familien der Partner von Anfang an eine größere Rolle spielen, aber auch eine viel deutlichere Differenz zwischen Männer- und Frauengruppen bewahrt wird.

Es entlastet ein Paar, wenn beide Partner in ihren Differenzen auf gleichgeschlechtliche Freundeskreise zurückgreifen können.

Die Konfliktpotenziale zwischen den Geschlechtern werden entschärft und durch Ironie oder Humor gebrochen, wenn scherzhafte Auseinandersetzungen zwischen Männern und Frauen als Teil von Kollektiven möglich sind.

Die in postmodernen Hochzeitsritualen gepflegten »Junggesellenabschiede« von Braut und Bräutigam reagieren auf dieses Defizit und verraten gleichzeitig die ganze Hilflosigkeit der Eventkultur.[84] Ein singuläres Ereignis, das Männer- und Frauenbünde an einem einzigen Abend kreiert und in Alkohol auflöst, kann keinen Halt geben, sondern nur die symbiotischen Verleugnungen des Paares stärken, dass nach dem aufwendigen Hochzeitsritual nichts mehr schiefgehen wird.

Charakteristisch für die Omnipotenzfantasie in einem Paar ist die Fixierung auf Dynamik und Aufbau. Es geht darum, zu wachsen, Erfolg zu haben, Karriere zu machen, eine bessere Wohnung zu finden, ein Haus zu bauen. Noch wichtiger und ein krönender Abschluss dieses Aufbaus wäre es, Kinder zu haben, welche das durch die Beziehung gesteigerte Selbstgefühl in die Zukunft hinein garantieren. Mehr noch: Sie sollen das noch hinzufügen, was man selbst nicht erreicht hat.

Aus diesem Grund ist auch das, was während der NS-Zeit als Pflicht und Erfüllung der deutschen Ehe galt, heute so oft der erste Schritt zu ihrem Scheitern. Hitler forderte und förderte kinderreiche Paare, um seine Ängste vor einem schwachen Volkskörper zu bekämpfen. Heute wünschen sich Paare Kinder, um ihre symbiotischen Fantasien zu festigen. Sie suchen den persönlichen Halt, die Selbstverwirklichung. Und sie scheitern an der Aufgabe, die nächste Generation in die eigene Symbiose zu integrieren und sich den Ursprungsfamilien wieder zu öffnen.

---

[84] Vgl. Harald Pühl/Wolfgang Schmidbauer (Hrsg.): *Eventkultur*, Berlin 2007.

Die Elternrolle ist kein Geschenk der Symbiose. Sie muss dieser mühsam abgerungen werden. Das gelingt schlecht, wenn die Symbiose mit dem Partner ein verwundbares Selbstgefühl schützen soll. Der Ausgang hängt davon ab, ob es den Partnern gelingt, die primäre Symbiose vor dem völligen Zusammenbruch zu bewahren.

Die Krisen in dieser Situation werden zum Prüfstein für die Omnipotenzfantasie des Paars. Großeltern, die sich bisher zurückgehalten haben, bieten sich nach der Geburt von Enkeln als Bundesgenossen an, wenn ein Partner »versagt«. Die neuen Aufgaben wecken nicht nur reale Unsicherheit, sondern führen auch zu dem Versuch, auf dem Weg über die Belebung eigener Identifizierungen diese Unsicherheit zu bekämpfen.

»Als wir noch kein Kind hatten, haben wir alles gemeinsam entschieden. Jetzt entscheidest du mit deiner Mutter. Ich stehe draußen.« – »Aber meine Mutter hat Erfahrung mit Kindern. Und du bist nicht da!«

Wenn ein Partner auf den Verlust an erlebter Symbiose mit Rückzug oder Vorwürfen reagiert, verlagert sich die symbiotische Beziehung seines Gegenübers auf das Kind. Dann kann die Ehe schnell ungemütlich werden. Vorwürfe führen zu Rückzug, Rückzug verstärkt Vorwürfe, der Partner ist verständnislos und unbrauchbar, das Kind dankbar für meine Liebe.

Die Aufmerksamkeit fließt von dem kränkenden Objekt fort zu einem, das Anerkennung verspricht. So kann sich das Erlebnisfeld in einer Familie anfänglich fast unmerklich und durch die vielen neuen Aufgaben nach Schwangerschaft und Geburt verdeckt neu strukturieren. Sobald dann die Veränderungen in ihrer ganzen Wucht erkennbar werden, ist es für die Partner oft kaum mehr möglich, sich wieder stärker an dem zu orientieren, was sie einst verband.

»Im Urlaub verstehen wir uns prima, meine Frau ist ein ganz anderer Mensch. Wir sind zu zweit durch die Wüste gefahren, und mitten auf der Strecke ist die Hinterachse gebrochen, ich fand es wunderbar, wie wir das bewältigt haben. Aber kaum sind wir zu Hause, geht der Streit wieder los, meine Frau ignoriert mich und hat nur noch Augen für das Kind, jeden Tag kommt jemand aus ihrem Clan vorbei und vermittelt mir, dass ich nichts zu melden habe, es ist unerträglich.«

»Das mit dem Urlaub stimmt, aber da hast immer du im Mittelpunkt gestanden. Meine Familie und meine Freunde haben dir doch wirklich goldene Brücken gebaut und sich so bemüht, dass du dich wohl fühlst. Aber es ist dir nichts recht zu machen, und es ist nun mal einfach so, dass die Firma meinem Vater gehört und nicht dir!«

Hier sprechen ein Mann und eine Frau, deren symbiotische Beziehung zerbrach, als die Frau schwanger wurde und in ein Haus zog, das der Vater – ein Fabrikant – seiner Tochter zur Verfügung stellte.

Seither fühlt sich der Ehemann nicht mehr wohl, er ist depressiv, gereizt, findet seine Frau abweisend, erotisch desinteressiert und elternabhängig. Sie verziehe das Kind und frage ihre Mutter und nicht ihn, wenn es Schwierigkeiten gebe. Die Ehefrau fühlt sich von ihrem Mann entwertet und überfordert. Sie sei es müde, immer die Brüche zu kitten, die seine herablassende Art bei ihren Verwandten und Freunden auslöse.

Die Symbiose wird wie die Fata Morgana wieder fühlbar, wenn das Paar zu zweit in einer fremden Umgebung aufeinander angewiesen ist. Aber sobald Dritte die Bühne betreten, ist es mit dieser Eintracht vorbei; nur die Sehnsucht nach ihr bleibt wach und schlägt sich in Entwertungen des »schuldigen« Partners nieder.

Der Untergang der Erotik: Alles oder nichts!

Die *erotische Bindung* ist eine spezifisch menschliche Errungenschaft, für die es unter Primaten keine Belege gibt. Während Affenmütter nicht weniger zärtlich und verspielt sind als Menschenmütter und wir im Drohverhalten der Menschenaffen auch Leidenschaften am Werk sehen, die den menschlichen gleichen, ist es in der Sexualität anders: Der Akt wirkt bei den Affen kurz und sozusagen sachlich, weit weniger ausgedehnt und zärtlich als die Beziehung der Affenmutter zu ihrem Kind.

Bei Schimpansen beobachten wir also keine enge seelische Bindung zwischen Sexualpartnern, wohl aber eine zwischen Mutter und Kind. Man kann daraus schließen, dass sich in der kulturellen Evolution zum Menschen die erotische Paarbindung aus einer Synthese der symbiotischen Nähe von Mutter und Kind und der sexuellen Triebhaftigkeit entwickelt hat.[85] Um die sozialen Bindungen zu entwickeln, welche die menschliche Familie prägen, haben die ererbten Affektstrukturen von Männern *und* Frauen die Bindung von Mutter und Kind in die erotischen Beziehungen importiert. Nicht nur Frauen bemuttern das erotische Gegenüber und fühlen sich andererseits von ihm abhängig, auch Männer sind in ihren sexuellen Beziehungen bald Baby, bald starke »Mutter«.

Eine ähnliche Dynamik spiegelt sich in dem »Prozess der Zivilisation« wider, den Norbert Elias untersucht hat.[86] Die »Verfei-

---

[85] Diese biologischen Grundlagen der Psychoanalyse haben mich in den Siebzigerjahren intensiv beschäftigt, vgl. Wolfgang Schmidbauer: *Die sogenannte Aggression. Die kulturelle Evolution und das Böse*, Hamburg1972; sowie ders.: *Vom Es zum Ich. Evolutionstheorie und Psychoanalyse*, München 1975, Berlin 2007. Die Anwendungen auf die Paaranalyse finden sich in: ders., *Die Rache der Liebenden*, a. a. O.

[86] Norbert Elias: *Über den Prozeß der Zivilisation*, 2 Bde., Basel 1939. Neuauflagen: Bern/München 1969 und Frankfurt am Main 1976 (als Taschenbuch).

nerung der Sitten«, welche die bürgerliche Gesellschaft prägte und zum Leitbild der Moderne wurde, wurzelt in dem Einfluss der Frauen auf die Männer. Die in ihrem Rang über den Männern stehende Königin oder Herzogin forderte und förderte Bindung und Empathie anstelle der männlichen Dominanz unter den ihr dienstbaren Männern, die ihr gegenüber ihre traditionell gewalt- und triebbestimmten Umgangsformen mäßigen mussten. Die bürgerliche Schicht schöpfte aus dem Codex dieser Anpassungen ihre »Höflichkeit« als Strategie der Aggressionsvermeidung und Kontrolle erotischer Nähe durch wechselseitiges Einverständnis.

Die Nähe der menschlichen Erotik zu einer Fantasie seelischer Einheit wurzelt sowohl in einer stammesgeschichtlichen Prägung wie in den sozialen Forderungen der bürgerlichen Kultur. Aus dem Fortpflanzungsakt wurde ein Liebesakt. Die innige Beziehung von Mutter und Kind, die sich bei allen Primaten beobachten lässt, wurde vom Ergebnis her nach rückwärts interpretiert und ausgeweitet. Der Akt der Zeugung wurde zum Zentrum einer umfassenden Bindung, die schließlich vor ihn gesetzt wurde. Wer ihn vollziehen wollte, musste seiner »ewigen« Bindung sicher sein.

Die erotische Symbiose ist viel älter als die Krisen des deutschen Selbstgefühls. Aber das sollte uns nicht daran hindern, die besondere Faszination durch diese verschmelzende Nähe in Zeiten der Unsicherheit zu untersuchen. Solange Erotik offene Räume findet und spielerisch bleibt, symbolisiert sie nicht nur die symbiotische Nähe, sie entlastet auch von ihr. Denn in der Erotik zeigen sich stets auch Differenzen im Begehren, im Gelingen, in den Unterschieden der Organe und der an sie geknüpften Empfindungen. Solange die bindende Funktion der sexuellen Lust von beiden Seiten anerkannt wird, behält das Paar ein Symbol für seine Fähigkeit, Unterschiede positiv zu verarbeiten.

Erotik ist kein Allheilmittel. Es gibt zerstrittene Paare, die behaupten, dass zwar sonst nichts, aber immerhin der Sex noch funktioniere. Viel verbreiteter ist aber die Hinrichtung der Erotik aus demselben Motiv, das im Mittelalter zur Hinrichtung von Geiseln führte: Ein Partner hat ein Gelöbnis gebrochen, er hat Erwartungen enttäuscht, er muss bestraft werden, indem das ihm Liebste vernichtet wird.

Die erotische Nähe wird unmöglich, sobald ein Bruch der Symbiose so viel Angst auslöst, dass er ungeschehen gemacht werden soll. Er kann dann nicht verziehen werden. In den Fällen mit ungünstigem Ausgang sind die Versuche einer Reparatur so von Aggressionen durchtränkt, dass sie nicht gelingen. Debatten über die Schuldfrage lähmen die Nähewünsche. Warum ist die Beziehung plötzlich schwierig, voller Frustrationen, problembeladen? Dritte werden mobilisiert – Kinder, Geschwister, Eltern –, um als Bundesgenossen den nun enttäuschenden Partner zur Räson zu bringen.

Der deutsche Ehemann besprach die sexuelle Distanzierung seiner Frau nach der Geburt des zweiten Kindes anklagend mit seiner italienischen Schwiegermutter, die ihre Tochter daraufhin zur Rede stellte und ihr erklärte, sie könne doch mit einem guten Mann, der die Familie ordentlich versorge, nicht so umspringen. Die Ehefrau fühlte sich hintergangen und erpresst. Es gelang ihr nicht, die Kränkung und Unsicherheit ihres Partners hinter diesem Übergriff wahrzunehmen; die sexuelle Beziehung verschlechterte sich durch diesen ungeeigneten Reparaturversuch noch mehr.

Die symbiotisch fundierte Liebesbeziehung verformt und gestaltet die Realität des Partners. Sie ähnelt dem Abwehrmechanismus der projektiven Identifizierung, in dem ebenfalls ein überlastetes Ich aus einem Gegenüber etwas anderes macht, als dieses »ist«.

> Der Patient bedroht seinen Analytiker, der nicht zum vereinbarten Termin in der Praxis war, mit einem Prozess und Schadensersatzforderungen. Er behauptet, die ganze Behandlung schade mehr, als sie nütze, eine Nachlässigkeit wie diese sei schlechterdings unverzeihlich. Die Situation entspannt sich, sobald der Analytiker offen über seine Ängste sprechen kann. Er fühle sich jetzt ebenso eingeschüchtert und angesichts eines kleinen Versehens total entwertet, wie es nach seinem Eindruck dem Patienten ergangen sei. Dieser war als Kind dem sadistisch gefärbten Perfektionismus seiner Mutter, von Beruf Lehrerin, ausgeliefert. Er durfte Fehler nicht verbessern, sondern musste die ganze Arbeit so lange abschreiben, bis sie fehlerfrei war, und dann die fehlerfreie Arbeit »zur Übung« noch einmal abschreiben.

Der Therapeut hat in solchen Konflikten Mühe, nicht seinerseits moralisierend oder rechthaberisch zu reagieren, war es doch in seiner Erinnerung der Patient, der den Termin falsch notiert hatte. Im Schutz der analytischen Situation lassen sich solche Konflikte – mühsam genug – klären.

Zwischen zwei von Ängsten und Aggressionen erschütterten Ehepartnern sind die Bedingungen dafür nicht so günstig. Der am meisten geliebte Mensch wird der am meisten gehasste, wenn die Erschütterung des eigenen Selbstgefühls nur durch seine Dämonisierung verarbeitet werden kann.

Ein Untergang der Erotik führt dazu, dass Trennungs- und Todeswünsche das affektive Feld beherrschen und das steuernde Ich (über)fordern. Die Verlustangst kann so mächtig werden, dass die Vernichtung des entfremdeten Objekts ebenso attraktiv ist wie die Selbstvernichtung. Wer seinen Partner tötet, entlastet sich von der Trennungsangst ebenso wie der Suizidale. Desdemona wird in der Othello-Tragödie für ihre Untreue ebenso bestraft wie zur dauernden Treue gezwungen.

Am 10. Juli 2013 bewaffnete sich ein 38-jähriger Streifenpolizist in einem Münchner Vorort mit seiner Dienstwaffe und einem Revolver. Er fuhr zur Arbeitsstelle seiner Lebensgefährtin, die sich von ihm getrennt hatte; die fünfjährige Tochter des Paars war um diese Zeit bei seinen Großeltern untergebracht. Die Eltern waren sich über das Sorgerecht nicht einig geworden. Der Vater holte die Mutter aus ihrem Betrieb, um mit ihr über das Kind zu reden. Nach einem kurzen Gespräch richtete er seine Dienstwaffe auf sie und schoss das ganze Magazin leer. Sie war sofort tot. Der Täter stieg in sein Auto und erschoss sich mit dem Revolver.

In einer Pressekonferenz erklärte der Polizeipräsident von München, der Täter sei ein mustergültiger Streifenpolizist gewesen, wegen seiner freundlichen, ruhigen Art sehr beliebt und vor der Beziehungskrise gerade damit beschäftigt, ein Fachstudium für die Übernahme in den gehobenen Dienst anzutreten. Die Kollegen seien bestürzt, dass die Tat trotz aller Hilfsangebote und Gespräche nicht abzuwenden gewesen sei. Ein Abschiedsbrief fand sich nicht. »Der Grund für die Tat«, sagte der Polizeipräsident, »bleibt uns vermutlich für immer verschlossen.«[87]

Derlei zugleich beschönigende und distanzierende Rhetorik ist uns vertraut; Bill Clinton sagte nach dem Massaker an der Columbine High School fast genau dasselbe. Solche Aussagen stehen für die kulturelle Verleugnung, welche die Gefahren der narzisstischen Kränkung umgibt. In Wahrheit könnten sich die meisten Menschen an Todeswünsche gegen kränkende Personen erinnern. Wir verstehen solche Taten so gut, dass wir es vorziehen, sie als völlig befremdlich anzusehen.

---

[87] *Süddeutsche Zeitung* vom 12.7.2013: »Tödlicher Streit um die Tochter. 38-jähriger Polizist erschießt offenbar aus Verzweiflung seine Ex-Freundin und nimmt sich selbst das Leben. Die Bestürzung bei der Polizei ist groß – der Beamte gilt als beliebt, freundlich und ruhig.«

Polizisten fühlen sich als Vertreter von Recht und Ordnung. Sie tragen eine Waffe. Diese Kombination ist angesichts eines von rechthaberischen Auseinandersetzungen geprägten Symbiosekrieges gefährlich. Das *freundliche und ruhige* Wesen eines Menschen ist an günstige Bedingungen geknüpft. So lange er sich respektiert fühlte, war dieser Täter angepasst und unauffällig.

»Respektiert« bedeutet »frei von Verlustängsten«. Die Gnadenlosigkeit, die das Handeln der Täter in Symbiosekriegen so oft auszeichnet, wurzelt in der Panik, ohne eine derartige Aktion das eigene Selbstgefühl zu verlieren. Interessant ist hier das Pars-pro-toto-Prinzip. Wenn es dem Täter wirklich, wie er sich selbst erklärt, um eine gute Beziehung und um das Wohlergehen des Kindes ginge, würde er nicht wegen einer begrenzten Kränkung (in diesem Fall vermutlich eine Einschränkung seiner Ansprüche auf das Sorgerecht) dem Kind beide Eltern nehmen. Aber er kann sich ein Leben mit dieser Kränkung nicht vorstellen. Seine Ehre, seine Männlichkeit stehen auf dem Spiel. Daher gelingt es ihm auch nicht, anders als panisch und radikal mit dem Konflikt umzugehen, der sich in seiner Partnerschaft entwickelt hat. Statt einzulenken und gemeinsam mit seiner Freundin nach einer Lösung zu suchen, steigert er das bisherige Vorgehen und wird vom Rechthaber zum Rächer, Richter und Henker.

Diese Fantasie einer totalen Gefahr, der nur ebenso totale Maßnahmen begegnen können, belegt die Nähe der symbiotischen Liebe zur frühen Kindheit, in der es *ein* unersetzliches Objekt gibt, dessen Präsenz Leben spendet, dessen Fehlen hingegen panische Angst weckt und um jeden Preis verhindert werden muss. In dieser Notsituation wird die Grenze zwischen Einbildung und Wirklichkeit durchlässig.

Die treulose Geliebte wird nicht nur vom Rächer erschossen. Durch diese Rache wird sie imaginär auch in ihrer ursprünglichen

Form wieder hergestellt, ihr Tod erweckt zum Leben, was sie einmal war und immer hätte bleiben müssen.

Die in verschiedenen Bedeutungen gebrauchte Formulierung »sich im Tode vereinen« lässt sich auch auf diese Situation anwenden. In seiner Fantasie nimmt der Täter seiner Tochter nicht nur die »falsche« Mutter, er gibt sich und ihr auch die »richtigen« Eltern zurück.

Sexuelle Aktivitäten neutralisieren im symbolträchtigen und sozial komplizierten Liebesleben des Menschen Gewaltausbrüche vermutlich nicht so zuverlässig wie beim Primaten. Aber das Bonmot, dass die Erotik über den Verlust der Kindheit tröstet, reicht tiefer, als es auf den ersten Blick scheint. Praktizierte Sexualität erweitert die archaische Abhängigkeit, die sie herzustellen vermag, um das kreative Element der Bindung und Lösung im Liebesakt. Indem sie die intensivste Annäherung auskosten, lernen Liebende, auch den Verlust intensiver Erregung gemeinsam zu ertragen. Das kann zum Modell für die vielen kleinen Trennungen werden, die Verliebtheit alltagstauglich machen.

Der Ausdruck »Liebe machen« ist in Deutschland nicht heimisch, er wurde aus dem Sprachraum der Nachbarn (*make love, fare l'amore*) übernommen. An den Berichten des Tacitus über die germanische Sexualdisziplin ist wohl vieles erfunden, aber das Motiv von den leichtblütigeren, erotisch interessierten, aber auch flatterhaften Südländern und den gefestigten Deutschen zieht sich durch die Geschichte. Die Germanen empfinden tief, bleiben treu und strafen Untreue verständnislos.

In deutschen Paaren geht die Erotik typischerweise zusammen mit der Symbiose verloren. Die Verpflichtung zu Innerlichkeit und Seelentiefe hat dazu geführt, dass erotisches Gelingen nicht an lustvolles Spiel gebunden ist, sondern an *tiefe, echte Gefühle*.

»Mein erster Freund war Italiener, ein Hallodri, würde ich heute sagen, ein Frauenaufreißer, aber irgendwie lebensfroh, unkompliziert, ich denke oft, was aus ihm geworden ist, wir haben schon lange keinen Kontakt mehr. Wenn er Lust hatte, mit mir zu schlafen, zeigte er mir das, und es war ganz deutlich, dass er seinen Spaß haben wollte, aber auch Freude daran hatte, wenn ich Spaß hatte. Wenn ich einmal müde war, sagte er, der Appetit kommt mit dem Essen, und oft war es auch so, wir haben da viel gemacht und wenig geredet. Dann ging es auseinander, er wäre auch nie der Mann gewesen, mit dem ich eine Familie hätte gründen wollen.

Max, mein Ehemann, ist da ganz anders. Anfangs fand ich das toll, wie er sich um mich bemüht hat und mich immer fragte, ob ich auch wirklich glücklich bin mit ihm und wirklich einen Orgasmus hatte und was er tun soll und ob es mir nicht zu viel ist oder zu wenig. Inzwischen finde ich diese Aufmerksamkeit ganz schrecklich, ich fühle mich ständig unter Druck, als Versagerin, weil ich seit der Geburt unseres Sohnes längst nicht mehr so viel Lust habe wie früher. Ich würde ja mitmachen, wenn Max davor und danach gute Laune hätte, aber er will nur mit mir schlafen, wenn ich auch wirklich will und dazu bereit bin. Irgendwann habe ich dann aufgegeben und habe angefangen, ihm den Orgasmus vorzuspielen, damit er Ruhe gibt, er hätte sonst ewig weitergemacht, ich weiß gar nicht, ob es ihm Freude macht, ich habe den Verdacht, er will sich was beweisen. Dann haben wir uns einmal gestritten, und ich war so blöd, es ihm zu sagen; seither ist es ganz aus, er will jetzt gar nicht mehr mit mir schlafen und redet ständig davon, wie enttäuscht er ist und dass er mir eine solche Lüge nie zugetraut hätte.«

In diesem Bericht finden sich Faszination und Katastrophe der symbiotischen Liebe. Solange sich die Partner »verstehen«, finden sie ihre Beziehung einzigartig und empfinden sich magisch gestärkt. Die Frau fühlt sich von ihrem Partner in einer Weise wahrgenommen und unterstützt, die sie vorher nicht kannte; umgekehrt festigt sie das brüchige Selbstgefühl ihres Partners, indem sie sich auf seine besorgten Nachfragen einlässt, die offensichtlich in Zweifeln wurzeln, ob seine sexuellen Aktivitäten in Ordnung sind. Sie hat Max nicht geholfen, ein realistisches Bild der sexuellen Differenzen zu gewinnen, sondern seine Illusionen gefördert und dann zerstört.

Schwarze Pädagogik: Wann wirst du endlich perfekt?

Der Begriff der schwarzen Pädagogik wurde 1977 von Katharina Rutschky[88] eingeführt, die sich gründlich mit der deutschen Erziehungslehre des 18. und 19. Jahrhunderts beschäftigt hat. Es geht in dieser Erziehung darum, den Erzieher an die Stelle des »eigensüchtigen« Ichs eines Kindes zu setzen, indem die kindlichen Erlebnisse im Sinne des Pädagogen interpretiert werden. Das kann so weit gehen, dass der Wille des Kindes mit Gewalt *gebrochen* wird, oft mit der altruistischen Begründung, dieses dadurch zu einem guten Menschen, einem nützlichen Glied der Gesellschaft, einem guten Soldaten oder einer guten Mutter zu formen.

Hinter solchen Begründungen verbirgt sich die Angst des Erziehers, das Kind könnte andere Wege einschlagen, als er es beabsichtigt, es könnte *nichts aus ihm werden*. Solange das Kind seinen pädagogischen Vorstellungen entspricht, ist es ein gutes Kind und darf bleiben. Sobald es von ihnen abweicht, ist es ein böses, schlechtes Kind und soll verschwinden. Es wird mit Liebesentzug und/oder körperlichem Schmerz bestraft.

---

88 Katharina Rutschky (Hrsg.): *Schwarze Pädagogik. Quellen zur Naturgeschichte der bürgerlichen Erziehung*, Berlin 1977, Neuausgabe Berlin 1997.

Das am weitesten verbreitete Mittel der schwarzen Pädagogik in den deutschen Ehen ist das Verstummen. Schwarze Pädagogen sprechen nicht mit dem Zögling. Sie behandeln ihn wie Luft, bis er in sich gegangen ist und herausgefunden hat, was er falsch gemacht hat, bis er sich entschuldigt und bittet, wieder aufgenommen zu werden. Er soll im übertragenen, manchmal auch im buchstäblichen Sinn die Rute küssen, die ihn zurück auf den richtigen Weg gebracht hat.

»Du darfst dich nicht anders fühlen, als ich das will – es kann gar nicht sein, dass du die Wahrheit sagst in dem, was du da von dir gibst, denn es ist nicht meine Absicht, dass du diese Gefühle hast, und daher muss ich sie dir in deinem besten Interesse austreiben!« Obwohl solche Sätze in den Auseinandersetzungen symbiotisch verstrickter Paare nicht so deutlich gesagt werden, fassen sie doch das kommunikative Handeln zusammen.

Sobald in einem Konflikt solcher Partner eine Hälfte beginnt, ihre Empfindungen auszudrücken, bemerkt der Beobachter beim Gegenüber einen ausgeprägten Widerwillen zuzuhören. Eben noch hat ein Partner beklagt, dass sie beide in ihrer Ehe kaum mehr miteinander sprächen und viel zu wenig am Leben des anderen teilhätten. Jetzt redet dieses Gegenüber, dessen Verstummen eben noch beklagt wurde, über sein Erleben – und wird mit einer Miene beobachtet, die jener des Gärtners gleicht, der zusehen soll, wie sich eine Schnecke an seinen Erdbeeren labt. Das geht doch nicht! Das ist doch nicht so! Das kannst du doch nicht sagen!

Lass mich ausreden, ich habe dich auch ausreden lassen …

Diese aus den Talkshows vertraute Formel zeigt, dass da zwei um Senderechte streiten und keine(r) empfangen mag. Der Belehrende weiß besser, was der Schüler zu empfinden hat, als dieser selbst. Wenn der Belehrte die überlegene Position hinsichtlich des »richtigen« Verhaltens in der Beziehung nicht übernimmt, kann (oder will?) er nicht *verstehen*. Er ist schwerhörig, man muss es lauter sagen. Die Ohren sind verstopft, man muss ihn schütteln.

In der Denkfigur vom *Brechen des Willens* verspricht die schwarze Pädagogik, die tiefste Sehnsucht der symbiotisch verbundenen Paare zu erfüllen: die Kränkung ungeschehen zu machen, die durch die Unterschiedlichkeit der Bedürfnisse entstanden ist. Greifen wir das oben erwähnte Beispiel auf: Die Ehefrau hat bisher mit großer Aufmerksamkeit die sexuelle Kränkbarkeit ihres Partners kompensiert. Wenn er sich ihr näherte, bestätigte sie ihm, er sei der beste Liebhaber der Welt, und kam ihm leidenschaftlich entgegen. Es passte auch in ihren Beziehungsplan, so oft wie möglich mit ihm zu schlafen, denn sie wünschte sich Kinder.

Das Kind unterbrach die bisherige Kommunikation. Junge Eltern können ihre erotische Beziehung nur weiter pflegen, wenn sie kooperieren und ihr sexuelles Interesse wachhalten. Die Sache fließt nicht mehr wie von selbst, sie muss organisiert werden. Wenn das Baby schreit, hat es Vorrang. Das ist eine manchmal unüberwindliche Kränkung der erotischen Symbiose.

Je stärker die Erotik an Perfektion gebunden ist, desto eher nimmt sie Schaden. Es geht nicht mehr so glatt, so berauschend wie früher. Paare mit einem wenig belastbaren erotischen Selbstgefühl scheitern an solchen Klippen. Einer der Partner »löst« das Problem mit dem Vorschlag, dass gar kein Sex besser sei als unvollkommener. Je stärker die Liebe idealisiert wurde, desto überzeugender klingt dieser Gedanke. Die Partner sind frustriert und unzufrieden. Sie beginnen, ihr Ich zu retten, indem sie das Du anklagen: Das Gegenüber ist schuld an der Misere; wenn es sich mehr bemühen, alles besser machen würde, wäre die Beziehung so, wie sie sein müsste – sie wären ein Paar, das, bereichert durch ein Kind, glücklicher wäre als früher, und nicht zwei Unzufriedene, die sich überlastet fühlen.

Was Schlafrhythmus und Sauberkeit angeht, werden Kindern heute Erziehungsmaßnahmen länger erspart als früher. Während das Baby noch friedlich in den Windeln liegt, haben deutsche Eltern schon begonnen, einander zu guten Eltern zu erziehen – mit den Mitteln der schwarzen Pädagogik, mit Vorwurf und Schuldzuschreibung, mit Rückzug und Entwertung des »Versagers«, nicht selten geradezu mit Bemühungen, dessen Willen zu brechen, ihm so viel Druck und Schuldgefühle zu machen, dass er sich ändert und endlich in sich geht, um der zu werden, der er sein müsste.

Der Ausdruck »schwarze Pädagogik« ist treffend gewählt. In der Finsternis, welche sie umgibt, lässt sich für den Erzieher verbergen, dass seine eigenen Absichten ebenso infantil sind wie die dem Zögling unterstellten. Wer den fremden Willen brechen muss, hat die eigene Reife nicht gefunden. Wer nur schwarz oder weiß kennt, lebt als moralischer Parasit in einer sozialen Welt, die nur deshalb funktioniert, weil seinesgleichen in der Unterzahl ist. Wer den reifen Partner einklagt, verrät seine eigene Unreife.

Im deutschen Gedankengut gelten Erotik und Sexualität als oberflächlich und egoistisch. Durch Treue und Ehe erhalten sie einen Anschein von Tiefe und wechselseitiger Erfüllung. In Krisen gerät der sexuell interessierte Partner in den Verdacht von Oberflächlichkeit und Egoismus. Um solche Vorwürfe nicht auf sich sitzen zu lassen, kann es zu der logisch unmöglichen, in der Paaranalyse aber nicht seltenen Situation kommen, dass *beide* Eheleute einander anklagen, erotische Wünsche zu sabotieren: »Ich wollte, aber du hattest kein Interesse!« »Doch, ich wollte auch, aber du hast gesagt, du seist müde!«

In den Sommerferien möchten Werner und Roberta endlich Zeit füreinander haben und den häuslichen Streit vergessen. Sie mieten ein Haus in Spanien; am zweiten Ferientag klagt Werner über Rückenschmerzen. Er hat sich im Sport übernommen. Der von beiden gewünschte und für diesen Urlaub geplante erotische Neuanfang findet nicht statt. Roberta will Werners Rückenschmerzen nicht verschlechtern, während Werner Roberta wegen ihrer Kritik an seinem sportlichen Ehrgeiz als besserwisserisch erlebt.

In einem Gespräch nach diesem Urlaub finden die Partner heraus, dass sie voneinander den ersten Schritt erwarteten. Einmal hatte Roberta entdeckt, dass sich Werner selbst befriedigte. Sie schob es auf seine Rückenschmerzen, die eine andere Sexualpraktik nicht zuließen. Werner hingegen hatte es darauf ankommen lassen, dass sie es bemerkte. Er hoffte, sie würde das als Signal verstehen und nachfragen, ob sie nicht auch einmal etwas zusammen probieren könnten.

Werner und Roberta verwahren sich vorwurfsvoll dagegen, an Erotik auch nur zu denken, solange ihr Symbiosefehler nicht »geklärt« und ausgemerzt sei. Sie folgen dem Prinzip *Erst die Pflicht, dann das Vergnügen.* »Wir sind nicht auf der Welt, um glücklich zu werden, sondern um unsere Pflicht zu erfüllen« (Immanuel Kant). Der folgende Satz aus einem Roman des 19. Jahrhunderts deckt die deutsche Größenfantasie auf, die hinter dem fanatischen Pflichtgefühl steckt.

»Die wirklich Vornehmen gehorchen nicht einem Machthaber, sondern einem Gefühl der Pflicht. Was uns obliegt, ist nicht die Lust des Lebens, auch nicht einmal die Liebe, die wirkliche, sondern lediglich die Pflicht. Es ist dies außerdem etwas speziell Preußisches. Wir sind dadurch vor anderen Nationen ausgezeichnet, und selbst bei denen, die es nicht begreifen und übel wollen, dämmert die Vorstellung von unserer daraus entspringenden Überlegenheit« (Theodor Fontane, Der Stechlin).

Die Partner nehmen den Erziehungsauftrag bitter ernst, den sie sich selbst erteilt haben. Solange nicht klar ist, wessen Pflichtverletzung an einem Mangelzustand schuld ist, haben Lust und Liebe keinen Raum.

Die Projektion auf den Partner: Nach meinem Bild und Gleichnis

Kennzeichen des tradierten deutschen Selbstgefühls sind die Betonung der Tiefe als Gegensatz zum »oberflächlichen« Südländer, die Betonung der Ehrlichkeit und Wahrheitsliebe als Gegensatz zu dem förmlichen, diplomatischen Briten, die Gewissheit von Fleiß, Tüchtigkeit und Erfindungsgabe und schließlich der Akzent auf Treue und Verbundenheit mit der eigenen Heimat im Gegensatz zum »vaterlandslosen Gesellen«, der im Nationalsozialismus rassistisch definiert wurde.

Diese Elemente machen es den Partnern in der deutschen Ehe schwer, mit Unterschieden in ihren Werten und Erwartungen umzugehen. Sie geben sich nicht mit einer liebevollen Oberfläche zufrieden. Sie dringen in die Tiefe, um Keim oder Samen der Differenz auszumerzen. Sie behaupten, dass ein guter Kern die raue Schale rechtfertige. Einen Mangel an Empathie oder die schlechte Behandlung des Partners erklären sie zum Zeichen ihrer tiefen Liebe, ihres Strebens nach gründlicher Verbesserung.

Im Rechthaben gibt es dann keine Mäßigung. Der Kompromiss und das ökonomische Vorgehen haben es schwer, sich gegen prinzipielle Ansprüche und die Bereitschaft durchzusetzen, mit allen Mitteln für sie zu kämpfen. Kleists Erzählung über Michael Kohlhaas ist eine sehr deutsche Geschichte. Erlittenes Unrecht macht aus einem untadeligen Bürger einen Terroristen; der Anlass steht in keinem Verhältnis zur Gegenwehr, das eigene Rechtsempfinden wird absolut gesetzt und überschreit die Stimme der Vernunft.

Ökonomisches Denken beruht auf dem Konzept des *Grenznutzens*, das sich in zahlreichen Lebensbereichen anwenden lässt. Wir können unser Handeln immer noch ein wenig wirksamer machen. Aber jede Optimierung wird irgendwann unwirtschaftlich. So ist der Grenznutzen die anschauliche Metapher gegen den Perfektionismus in der Ökonomie wie in der Psychologie. Wenn ich ein Glas Honig leer gegessen habe, werde ich am Ende den an den Wänden haftenden Honig zusammenkratzen. Es bleibt ein Rest am Glas kleben. Will ich diesen nicht verloren geben, gewinne ich am Ende durch zeitraubende Mühe nur winzige Reste.

In den Märchen der Brüder Grimm gibt es eine hübsche Geschichte über den Grenznutzen. Dort wird die richtige Braut aus drei Bewerberinnen herausgepickt. Jede soll ein Stück Käse essen. Die erste Braut schält den Käse so nachlässig, dass mit der Rinde auch Gutes verloren geht. Die zweite verschlingt den Käse mit der Rinde. Die richtige Braut schält den Käse säuberlich.

Wann ist es gut, einen Text nicht mehr zu korrigieren, ein Bild oder die Schnittfassung eines Films als »fertig« freizugeben? Wenn die Verbesserung minimal ist und den Aufwand nicht mehr lohnt, sagt der Alltagsverstand. Das lässt sich aber nur anwenden, wenn Aufwand und Ergebnis realistisch beurteilt werden.

In symbiotisch gefärbten Beziehungen ist die Grenze zwischen Ich und Du verwischt. Da sich Wahrnehmung und Projektion nicht trennen lassen, misslingt es auch, den Bereich zu finden, der durch Wunsch und Vorsatz verändert werden kann. Die Partner wollen im Grunde gar nicht wissen, wo ihre Sphäre endet und die Sphäre des Partners beginnt. Sie sind überzeugt, dass hinter dem, was der Partner äußert, etwas anderes steckt, das ihren Erwartungen entspricht.

Ein extremes Beispiel der Projektion auf den Partner ist das Stalking. Das Begehren nach dem symbiotischen Objekt führt in eine Fantasiebeziehung, die vor allem bei Männern eine aggressive, manchmal sadistische Kolonisation des Liebesobjekts anstrebt.

In der Streitehe suchen die Partner durch Druck und Vorwurf einander in das symbiotische Gegenüber zurückzuverwandeln, auf das sie Anspruch zu haben glauben. Im Stalking wird ein anderer Mensch zu einem seelischen Teil des Stalkers herbeigeglaubt und durch dessen Manöver kontrolliert, dem Wunsch nach unterworfen wie eine abtrünnige Provinz.

Eine befriedigende erotische Beziehung und Stalking schließen einander aus. Die Libido für die Verfolgung wird aus versagter Lust gewonnen. Stalker sind so unterschiedlich wie Süchtige oder Depressive. Viele verfolgen eine Frau, die sich nach einem Flirt zurückgezogen hat. Verlassene werden zu Jägern des verlorenen Schatzes. Sie wollen durch hartnäckige Verfolgung entweder die Partnerin umstimmen oder sich an ihr rächen. Oft tun sie beides zugleich, in einer bizarren Mischung, die Stoff für Komödien und Tragödien abgibt.

Erotische Liebe hat zyklische Qualitäten, sie speichert das Bild des befriedigenden Partners. Wir erleben ihn wie eine Quelle. Wer weiß, wo sie liegt, und sich satt getrunken hat, fühlt sich frei.

Der Stalker hingegen wartet am Rand eines ausgetrockneten Brunnens und hofft, dass sich dieser auf wunderbare Weise irgendwann füllt. Diesen Zeitpunkt darf er auf keinen Fall verpassen. Er scheint zu glauben, dass die Intensität seines Durstes den Brunnen füllen müsste. Gleichzeitig hasst er den Brunnen und sich selbst, weil sein Durst nicht gestillt wird und er doch den Brunnenrand nicht verlassen kann.

Diese Dynamik wird manchmal so verstanden, dass Hass fester bindet als Liebe. In der Tat entfalten Stalking-Szenen ebenso wie

Streitehen eine Ausdauer und Intensität, als hätte sich der beflügelte Amor in einen Pitbull verwandelt. Aber diese Bindungskraft entfaltet wohl eher die Angst als der Hass.

Wer liebt, kann loslassen, weil er die Sicherheit in sich trägt, dass er sich angstfrei demselben oder auch einem anderen Objekt nähern kann. Wo aber die Angst vor dem Verlust das Geschehen prägt, ist auch das Gegenüber, das in einem magischen Phantasma das Richtige, das Erwählte wird, der einzige Halt, den sich solche Stalker vorstellen können. Jenseits davon beginnt das Nichts. Die Betroffenen klammern sich an diese Person, weil sie sich von ihr erwarten, dass sie eine tiefe Wunde in ihrem Selbstgefühl heilt: ihre Furcht, liebesunfähig zu sein. Gegen diesen Zweifel müssen sie zwanghaft sich und dem als Erlöserin oder Erlöser gewählten Menschen Liebe und Liebesfähigkeit beweisen.

Der Stalker erklärt die Realität, in der er sein Opfer verletzt, kränkt, beleidigt, Ekel und Abscheu erregt, zu einer Maske. Er sucht im Inneren des Opfers nach dessen wahrem Selbst, das genau so ist, wie er es sich wünscht. Seine sadistischen Aktionen sind sozusagen uneigennützig. Sie gleichen den Aggressionen des Bildhauers, der die im Marmor eingeschlossene Statue aus der blöden Materie befreit. Wenn das Opfer sich dabei gepeinigt fühlt, ist das angesichts des erhabenen Ziels zu vernachlässigen.

Besonders verwundbar sind Stalking-Opfer, die ihrerseits nicht an die grundlegende Freiheit des Menschen glauben können, zudringliche Liebe abzuweisen. Sie suchen viel zu spät den Schutz des Gesetzes, wenn ihre Versuche gescheitert sind, durch gutes Zureden den Stalker von seiner Jagd abzubringen. Die Person, auf die ein Stalker seine Leidenschaft richtet, kann ihn am wenigsten überzeugen. Ein Rechtsanwalt, Polizei und Gericht werden eher respektiert.

7. »Wo aber Gefahr ist, wächst das Rettende auch«[89]

Auf den vorangehenden Seiten wurde an der deutschen Ehe vorwiegend das Negative herausgearbeitet. Nun finden wir ja meist den Konflikt interessanter als die Harmonie, auch wenn wir lieber in der Harmonie leben und vom Konflikt nur hören oder lesen. Freud hat mit dem ihm eigenen Widerwillen gegen Pädagogisches und Betuliches den Vorschlag abgewehrt, statt der Psychoanalyse eine Psychosynthese[90] durchzuführen. Er vergleicht den Analytiker mit dem Chirurgen. Wenn ein Eingriff gelungen ist, heilt die Wunde von selbst; wenn Verdrängungen aufgelöst sind, erledigt die befreite Psyche den Rest der Arbeit. Wer Einsicht in negative Kräfte weckt, fördert das Positive; wer das Positive kübelweise über die Köpfe der Zuhörer schüttet, weckt in diesen Trotz und Widerwillen.

Vermutlich ist auch die Überzeugung von der psychischen Selbstheilungskraft durch Einsicht in bisher unbewusste Kräfte

---

[89] Mit diesem Vers beginnt die erste Strophe der Hymne *Patmos* von Friedrich Hölderlin (1770–1843). Darin klingt die Volksweisheit an: Wo die Not am größten, ist die Hilf am nächsten.

[90] Carl Gustav Jung schrieb 1909 in einem Brief an Sigmund Freud von »einer sehr erfreulichen und möglicherweise wertvollen Bekanntschaft mit unserem ersten Italiener, einem Dr. Assagioli von der psychiatrischen Klinik in Florenz«. Assagioli lebte von 1888 bis 1974 und versuchte, in das tiefenpsychologische Weltbild spirituelle, vor allem theosophische Elemente zu integrieren.

zeitbedingt. Sie hängt mit dem Fortschritts- und Aufklärungsoptimismus zusammen, der in zwei Weltkriegen erschüttert wurde.

Dennoch finde ich es wichtig, das Projekt der tendenzlosen Analyse nicht zu schnell aufzugeben. Pädagogische Interventionen, suggestive Akzentuierung der »Ressourcen«, strukturierte Übungen, Tantra-Gruppen in Becken voller körperwarmem Wasser geben Paaren Halt und schenken ihnen neue Erlebnisse. Aber sie schaffen auch neue Abhängigkeiten und manchmal neue Abgründe, wenn das gute Rezept schlechte Folgen hat oder wenn Falsches geübt wird. Vor allem weckt der Rat, wie es gut und richtig gemacht werden soll, sofort die Rechthaberei. Der Paaranalytiker erlebt nicht selten, wie Paare, denen mehr Humor im Umgang miteinander und weniger erbitterte Vorwürfe nahegelegt wurden, nun einander mit dem Vorwurf des Humormangels traktieren. Allerdings muss der Paaranalytiker heute damit rechnen, dass die Einsicht in ihren Konflikt den Partnern nicht reicht. Sie wollen vom Analytiker ausdrücklich wissen, was sie *machen* können. Was er ihnen rät.

Wer guten Rat möchte, sollte nicht damit abgespeist werden, dass das gegen die Regeln der Analyse sei. Ich versuche in solchen Fällen eher herauszufinden, wo und wie der Fragende den Ausdruck seiner Gefühle und Wünsche, vor allem aber auch die Überwindung seiner Ängste und damit Vermeidungen *üben* kann. Wie mag es ihm gelingen, Kränkungen nicht zu schlucken, sondern nach einem Dialog zu suchen? Nicht mit Vorwürfen den Partner unter Druck zu setzen, sondern sich selbst und auch das Gegenüber aus perfektionistischen Sackgassen herauszuholen? Etwa durch Humor? Oder indem er Ängste und Wünsche ausdrückt, auch wenn es ihm peinlich ist? Es gibt kein wirksameres Aphrodisiakum als das Gespräch.

Es geht darum, (wieder) spielen zu lernen, die Missverständnisse in der Liebe nicht feierlich ernst zu nehmen, sondern ihre komischen Potenziale zu erschließen. Das ist in Deutschland nicht schwerer zu bewerkstelligen als anderswo. Die Rede von der Humorlosigkeit der Deutschen halte ich für ungerecht. Es ist nun leicht, Humor dort zu entwickeln, wo er mir schon entgegenkommt. Die ernstere Aufgabe liegt darin, den Humor dort nicht zu verlieren, wo alle feierlich bleiben, Oberflächlichkeit verachten und Scherze für unangebracht halten.

In meiner Jugend begegneten mir Erwachsene, die sich mit ihrem gescheiterten Glauben an die Ideale der Nationalsozialisten quälten. Ich hätte mich damals gerne überzeugen lassen, dass dieses Deutschland ein gutes Land sei. Aber ich konnte das nicht so recht glauben, mit guten Gründen, leider. Daher begann ich mich mit der Frage zu plagen, warum es keine religiösen Botschaften, keine hohen Werte, keine tiefgründigen Theorien gibt, die gegen Missbrauch immun sind.

Es konnte doch so kompliziert nicht sein! Hat nicht jede Dampfmaschine ein Überdruckventil? Wenn der Druck eine gefährliche Höhe erreicht, öffnet es sich und verhindert zuverlässig, dass der Kessel explodiert. Warum konnten das die Menschen nicht in ihre Ideale einbauen? Warum hatte niemand die Inquisition und die Hexenverbrennungen abgeschafft, ehe sie das Evangelium beschmutzten? Warum waren Hölderlins, Kleists und Schillers große Texte nicht den Nazis in den Händen explodiert wie Nitroglyzerin, ehe sie diese missbrauchen konnten?

Inzwischen bin ich der Lösung dieses Rätsels etwas näher gekommen. Sie liegt nicht in einer besseren religiösen, philosophischen, psychoanalytischen oder therapeutischen Lehre. Der Wunsch nach einem neuen, alles Vorhandene übertreffenden *Ideal* ist selbst Teil des Problems.

Alle Inhalte können von den archaischen Affekten der Kampf-Flucht-Reaktion usurpiert werden. Gegen die Machtübernahme von Angst und Wut (etwa der Angst, als Volk unterzugehen, der Wut gegen vermeintlich daran Schuldige) hilft kein Inhalt, sondern nur der durch persönliche Übung erworbene, durch Geduld und Humor bewahrte *Abstand* von diesen Affekten.

Es gibt ein Dokument, das diese Dynamik an einem Beispiel der jüngeren Geschichte zeigt. Es ist besonders aufschlussreich, weil die Beteiligten Tiefenpsychologen sind, Männer, die sich sehr verdient gemacht haben um die Erforschung des Unbewussten und damit ebendieser archaischen, den Missbrauch der Werte fördernden Affekte.

In dem Briefwechsel zwischen Sigmund Freud und C. G. Jung, der zum Bruch zwischen den Freunden und zum Auseinanderdriften unterschiedlicher »Schulen« der Psychoanalyse beitrug, erkennen wir die Unfähigkeit der Gegner, sich von einer primitiven Kampf-Flucht-Reaktion zu distanzieren. Ihr fundiertes Wissen um die Macht der Affekte bleibt ohnmächtig, weil es keinem der Beteiligten gelingt, sich von diesen Affekten zu distanzieren.[91]

Daraus dürfen wir einen zweiten Schluss ziehen: Den ersehnten Abstand von primitiven Affekten, welche unsere Sicht auf die Vergangenheit und die Zukunft einengen, finden wir angesichts einer für unser Selbstgefühl bedrohlichen Situation schwerlich *alleine*. Wir brauchen, um diesen Abstand zu festigen, ein einfühlendes Gegenüber, das uns darin unterstützt. Wir dürfen nicht glauben, wir könnten *allein* für eine Gruppe sprechen, gar allein eine Gruppe führen, die sich bedroht fühlt.

Trauma und Größenwahn, die seelische Wunde und ihre Abwehr durch ein Streben nach dem ganz und gar Heilen und Reinen

---

[91] Ausführlich beschrieben wird dieser Bruch zwischen Freud und Jung in Wolfgang Schmidbauer: *Der Mensch Sigmund Freud,* Stuttgart 2005, S. 61f. Die Dokumente finden sich in dem 1974 von William McGuire und Wolfgang Sauerländer publizierten *Briefwechsel Sigmund Freud / C. G. Jung* (Frankfurt am Main 1974) auf den Seiten 593ff.

hängen eng zusammen. Wer blindlings eine Gefahr vermeiden will, verliert den abwägenden Blick. Daher will ich zum Schluss die von mir jetzt dem Leser unterstellten Wünsche nach dem Positiven, nach einer (vorwiegend) heilen deutschen Liebes- und Beziehungswelt erfüllen, so gut ich kann. Ich will ihn zu einem Dichter führen, dessen Darstellungskunst ganz unaufdringlich neue Welten der Kränkungsverarbeitung erschließt. In den folgenden Gedanken geht es um den Versuch, mit literarischen Mitteln nach dem zu tasten, was sich als *Haltung* des Abstands von primitiven Affekten beschreiben lässt. Zu Beginn noch einmal ein persönlicher Bezug.

Meine Großmutter, im Jahr 1886 geboren, war eine gelassene, gutherzige Frau und eine aufmerksame Gastgeberin, wenn ich sie in späteren Jahren als Student besuchte. Aber sie hatte ein seelisches Trauma zu verarbeiten: die radikale Veränderung ihres Ehemannes, meines Großvaters, durch dessen Erlebnisse im Ersten Weltkrieg. Eine ihrer kleinen Eigenheiten deute ich mir heute als Folge dieser Belastungen: Sie las jedes Jahr den Roman *Nachsommer* des böhmischen Dichters Adalbert Stifter.

Sie hatte ihren Mann 1908 kennengelernt, und noch im selben Jahr heiratete sie, die älteste Tochter eines Kronacher Floßherrn und Sägewerksbesitzers, den jungen Amtsrichter, einen fröhlichen, hochmusikalischen, sehr bildungsstolzen Mann aus einer Klavierbauerfamilie, der sich ihr zuliebe katholisch trauen ließ. Er trug sie auf Händen und lebte einige Jahre glücklich an ihrer Seite.

Dann kam das Jahr 1914. Der Amtsrichter wurde eingezogen. Was bis 1917 mit ihm geschah, wusste niemand genau, er sprach nicht darüber. Manche sagten, er habe in Antwerpen als Militärrichter Todesurteile über Deserteure und Soldaten verhängen müssen, die sich selbst verwundeten, um den Gräben zu entkommen. Andere dachten, er sei dem Trommelfeuer ausgesetzt gewesen und darüber zerbrochen. Jedenfalls war der Mann, der 1917 aus dem Krieg zurückkam, nicht mehr der Mann, den meine Großmutter geheiratet hatte. Er war missmutig, aufbrausend, klagte über ein Ohrgeräusch, das ihm den Genuss von Musik völlig verleide. Er empfing keine Gäste mehr, zog sich von den Verwandten zurück, schien Besuche und Kinder nur lästig zu finden und schlug seine Töchter aus nichtigem Anlass. Er war äußerst besorgt um seine Gesundheit, seine Verdauung, beharrte auf größter Regelmäßigkeit im Speiseplan und dauernder Schonkost.

Ein halbes Jahr verbrachte er in einer Heilanstalt, dann konnte er wieder sein Amt als Richter ausüben, auch wenn es ihn sehr anstrengte und er nur noch Zivilprozesse führte. Über seinen Büchern beruhigte er sich. Aber seine Frau, die an ein gastliches Haus mit Festen und Musik gewohnt war, fühlte sich wie in einem Gefängnis, umgeben von Düsternis. So hatte sie sich ihr Leben nicht vorgestellt.

Aber sie lebte es, klaglos, webte sich ein Netz aus vielen kleinen Freuden, wie den Vögeln auf dem Fensterbrett ihrer Küche, die sie im Winter liebevoll fütterte – »heute waren Kreuzschnäbel da, und ein Distelfink!«[92] –, dem Nachmittagskaffee, dem Weihnachtsge-

[92] »…« Die Zurückgebliebenen fangen schon an, sich zu erheitern, die fortgezogen sind, treffen bereits allmählich ein und werden mit Geschrei empfangen. Sie drängen sich sehr an die Tafel und sputen sich, bis die in der Fremde erfahrnen Nahrungssorgen verwunden sind; denn dort werden sie schwerlich einen Brotvater finden, der ihnen gibt. Von da an werden sie immer inniger und singen täglich schöner. Dann wird ein Gekose in den Zweigen, und sie jagen sich. Hieran schließt sich die Häuslichkeit. Sie sorgen für die Zukunft und schleppen sich mit närrischen Lappen zu dem Nesterbau. Ich lasse ihnen dann allerlei Fäden zupfen, sie nehmen sie aber nicht immer, sondern ich sehe manchmal einen, wie er an einem kotigen Halme zerrt. Nun kömmt die Zeit der Arbeit wie bei uns in den Männerjahren. Da werden die leichtsinnigen Vögel ernsthaft, sie sind rastlos beschäftigt, ihre Nachkommen zu füttern, sie zu erziehen und zu unterrichten, daß sie zu etwas Tüchtigem tauglich werden, namentlich zu der großen bevorstehenden Reise. Gegen den Herbst kömmt wieder eine freiere Zeit. Da haben sie gleichsam einen Nachsommer und spielen eine Weile, ehe sie fort gehen‹«(Adalbert Stifter, *Der Nachsommer,* alle Stifter-Texte zit. n. Projekt Gutenberg – DE.)

bäck, dem Sonntagsgottesdienst bei dem interessantesten Prediger der Stadt, den sommerlichen Bädern in der Ilz, der Arbeit in dem großen Gemüsegarten an einem sonnigen Hang, wo die schönsten Tomaten reiften. Den Vater – so nannte sie ihren Mann, seit ich sie kenne – umgab sie mit einer ganz sachlichen Fürsorge, nie fiel ein lautes Wort, sie empfahl ihn der Schonung ihrer Töchter und Enkel, lebte neben ihm, wie es die Pflicht gebot.

Inzwischen glaube ich verstanden zu haben, weshalb die jährliche Lektüre des *Nachsommer* zu den Freuden meiner Großmutter gehörte. Was mir beim ersten Lesen noch als langatmig und umständlich erschienen war, wurde die schrittweise Entfaltung eines Lebens in jenen kleinen Gestaltungsmöglichkeiten, die Halt geben und Brücken schlagen.

In der Vorrede zu seinen beiden Bänden mit Erzählungen, *Bunte Steine*, hat sich Stifter mit den nörgelnden Versen Friedrich Hebbels auseinandergesetzt, der meinte, nur kleine Geister könnten sich so gründlich und liebevoll wie Stifter mit kleinen Dingen beschäftigen. Doch Stifters Erzählpraxis widerlegt Hebbels Einwände eindeutiger als seine Argumente, in denen er der Kritik viel zu viel Terrain überlässt.

Gerade weil Stifter ein ausdauernder und geduldiger Schilderer ist, wirken die von ihm aufgegriffenen großen und wilden Emotionen überzeugend und lebendig. Stifter hat verstanden, wie wesentlich die tägliche Übung des Abstands zu den schnellen Affekten Gier, Wut und Angst ist.

Stifter leugnet weder die symbiotischen Ideale noch ihre Gefahr. Er sieht sie beide, er lässt die Sehnsucht spielen, lässt sie ihr Ziel finden oder auch in ihren Ansprüchen scheitern. Manches Scheitern ist unheilbar, aber die Meisterschaft des Dichters zeigt sich doch vor allem darin, dass er – anders als etwa Heinrich von Kleist oder auch Friedrich Hebbel – die narzisstische Wunde nicht allein in ihrer Heillosigkeit zeigt, sondern auch Wege weist, wie schmerzhafte Kränkungen umgangen, verkapselt und überwunden werden können.

Eine unauffällige und doch ungeheuer aufschlussreiche Geschichte über Kränkungsverarbeitung ist *Kalkstein*. Ähnlich wie in *Brigitta* und anders als in den meisten seiner anderen Erzählungen beginnt Stifter auch hier mit einer Kindheitsgeschichte, die einmal mehr seine Gabe verdeutlicht, die Entwicklung von Kindern einzuschätzen. Man merkt diesen Passagen an, dass der Autor die pädagogische Praxis genau kennt. Er hat nicht nur ein scharfes Auge für die unterschiedlichen Fähigkeiten von Kindern, sich Inhalte anzueignen, sondern bedenkt auch, dass mühsam erarbeitetes Wissen festere Charakterstrukturen schaffen kann als mühelos zugeflogenes.

In *Kalkstein* wächst der Held im Schatten eines begabten Bruders auf, dem Schreiben, Rechnen, fremde Sprachen längst nicht so viel Mühe machen wie ihm. Er ist ein typischer Spätentwickler und Langsamlerner, vielleicht würden wir heute von einer milden Form des Autismus sprechen. Aber während der begabte Bruder seine geistigen Interessen ebenso schnell wieder verliert, wie er die Anforderungen der Lehrer erfüllt, vertieft der Held sich in seiner langsamen und zähen Art in den Stoff und kann schließlich sogar ein Studium der Theologie abschließen.

Und während der schnell lernende Bruder das vom Vater ererbte Geschäftshaus in die Insolvenz führt und an seinem Kummer darüber zugrunde geht, baut sich der Ungeschickte und von allen Unterschätzte ein eigenes Leben in einer entlegenen Gemeinde auf. Weil alle anderen Geistlichen ihr Interesse an dieser armen Pfarrei rasch verlieren und sich fortbewerben, wird er der erste Pfarrer dort sein, der in seinem Amt stirbt.

Ähnlich zielstrebig und verhalten, ohne jemals die Grenzen seines Gefühlslebens zu sprengen, ist die erste und einzige Liebesbeziehung des späteren Theologen zu der schönen Tochter einer Wäscherin, aus der nur seine heimliche und unerschütterte Liebe zu feinem Linnen überlebt. Dass der arme Dorfgeistliche diesen Widerspruch zwischen dem fadenscheinigen Rock und den feinen Stoffen darunter durch sein ganzes Leben trägt und der Leser viele Jahre Zeit hat, sich diesem kleinen Geheimnis zu nähern, lässt uns erschauernd und doch getröstet am Rand eines Abgrundes stehen. So wirkt die Liebe in Gedanken.

Was als *Bunte Steine* so bescheiden beginnt, ist doch ein Panoptikum der Verarbeitung von Kränkungen in dem Sinn, dass Lebenswelten in ihren Einzelheiten geschildert und auf sonst unsichtbare Wunden und Narben bezogen werden. Das eingeschränkte Ich heilt sich in einem schützenden Gehäuse, in dem es neue Möglichkeiten entdeckt, Schönheit und Sinn zu finden. Der arme Geistliche sieht seine Lebensaufgabe darin, den Schulkindern seiner Pfarre einen sicheren Weg über einen manchmal gefährlich anschwellenden Bach zu ermöglichen. Nach seinem Tod spricht sein Leben so für sich, dass die Brücke über den Bach gebaut wird. Andere spenden, wo seine demütig an Nahrung und Kleidung gesparte Summe nicht ausreicht.

Der beschriebene Tännling

»Ein sehr hoher Baum stand unter den anderen ebenfalls hohen und alten Bäumen des Waldes. (...) In seiner Rinde waren die Zeichen der Liebe eingegraben: ein Herz mit Flammen, die durch auseinander gehende Striche angedeutet waren, ein Ring, der zwei Namen umfaßte, ein Kreuz, das aus Keilen emporragte, der Name Marias, der aus verschlungenen Buchstaben zusammengesetzt war, dann andere Namen, in zwei Buchstaben bestehend, oft verziert

mit einem Kränzlein oder dergleichen, oft ohne Verzierung, zuweilen frisch, so wie die Besitzer noch in Jugend unter den Lebenden wandeln, zuweilen vernarbt und unkenntlich, so wie die Liebenden schon durch Alter eingebückt, oder im Grabe bereits zerfallen sind. Der Baum stand sehr hoch in die Abendluft empor und zeichnete seine Zacken, weil er eine Tanne war, in dieselbe.«

So beschreibt Adalbert Stifter in der Erzählung *Der beschriebene Tännling*, den Baum, unter den sich der eifersüchtige Holzknecht Hanns auf einen Stein gebettet hat. Er ist tief in Gedanken, denn seine geliebte Hanna hat sich mit einem der vornehmen Jäger zusammengetan, die für eine große Treibjagd in die Gegend gekommen sind.

Hanns und Hanna sind ein besonderes Paar. Sie ist die schönste und gleichzeitig ärmste Jungfrau weit und breit, gilt als hoffärtig und behauptet gegenüber ihren Gespielinnen, die wundertätige Maria im Kirchlein von Oberplan, die in den Träumen nach der ersten Beichte immer die wahre Zukunft kündet, habe ihr goldenen Schmuck und ein seidenes Kleid geschenkt. Hanns ist der tüchtigste Holzhauer weit und breit, in den Schlägen folgen ihm die anderen Arbeiter, weil er stärker und geschickter ist als jeder andere.

Hanns ist hitzköpfig und duldet keine Kränkung, keinen Spott. Dann packt er den Übeltäter sogleich und zeigt ihm, wer das Sagen hat. Bisher hat er in jeder Rauferei den Sieg davongetragen, ist geachtet und gefürchtet im Dorf. Im Angesicht von Hanna jedoch wird der Wolf zum Lamm, liest ihr die Wünsche von den Augen ab.

»Hanns that Alles, was ihm sein Herz einflößte. Er ehrte die Zeiten, wie es in jener Gegend gebräuchlich ist. Er setzte Hanna den schönsten Maibaum vor die Thüre, er wand das schönste Tuch um ihr Haupt und band die schönste Schürze um ihren Leib, er trug

den größten Palmbaum am Palmsonntage für sie in die Kirche, er steckte sogar eine goldene Nadel in ihr Haar, er brachte ihr den schönsten Strauß von Walddingen aus seinem Schlage nach Hause, er führte sie an Sonntagen in die Kirche, und ging mit ihr, wenn schönes Wetter war, in den Feldern und Wiesen spazieren. Sogar zu Zeiten, wo es nicht schicklich war, daß er sich bei Hanna im Häuschen befand, sahen ihn die Leute unter den Föhrenstämmen und Steinen in großen Kreisen um das Häuschen herum gehen.«

Bis das große Jagen kommt und die edlen Herren in Oberplan Quartier nehmen. Einer der schönsten Männer und der beste Schütze unter ihnen, der Herr Guido, verliebt sich in Hanna. Sie erwidert seine Liebe. Dieses Geschehen schildert Stifter wie eine Naturgewalt, ein Ereignis, das von außen über die Liebenden hereinbricht und gegen das sie ohnmächtig sind.

»Da wollte es der Zufall, dass Hanna, die Tochter des armen Weibes, die auch herbei gekommen war, dem Feste zuzuschauen, neben einen außerordentlich schönen jungen Mann von vornehmem Stande zu stehen kam. Dieser Mann war schon früher aufgefallen. Er war, der allgemeinen Sitte zuwider, der einzige, der keine weißbestäubten Haare trug, sondern seine eigenen Locken, die von wunderschönem Gelb waren, bis auf die Schultern und auf den Rockkragen niederfallen ließ. Er hatte sehr gut geschossen, hatte immer auf die unsichersten Punkte gezielt und immer getroffen. Er war so schön, daß er, wie die Landleute sagen, wie Milch und Blut aussah, seine Augen waren groß und sanft, und er war schier prächtiger gekleidet, als alle Andern.
Da Hanna so neben ihm stand, erblickte sie ein Mann aus dem Volke, der sich unten in dem Netzraume befand, zeigte mit dem Finger hinauf und rief: ›Das ist das schönste Paar!‹

Das Volk, welches ohnehin schon in eine höhere Stimmung gekommen war, welches an der Jagd den lebhaftesten Antheil genommen, mit den Fingern nach dieser und jener Stelle gezeigt und freudig gejubelt hatte, wenn sich etwas Merkwürdiges zugetragen hatte, war zu dem Ungewöhnlichsten aufgelegt. Kaum hatte es also die Worte des Mannes vernommen, so rief es gleichsam mit einer Stimme und laut: ›Das ist das schönste Paar, das ist das schönste Paar!‹
Der junge Mann wandte sich in seiner Verwirrung gegen Hanna und sah sie an. Da wurde sein Angesicht so scharlachroth, wie die Bänder, an denen er seinen Hirschfänger hängen hatte.
Hanna wandte sich ebenfalls nach dem Rufe gegen ihren Nachbar, und da sie den ausgezeichneten Mann gesehen hatte, wurde ihr Antlitz gleichsam mit dem dunkelsten Blute übergossen. Sie sah ihn eine Weile mit offenen Augen an, dann drängte sie sich unter das Volk und ging über die Treppe hinab. Ihr Benehmen war wie das einer Trunkenen.«

Hanns in seinem Holzschlag darf während des Jagens nicht in das Dorf hinabsteigen, weil der Grundherr alle Wälder besuchen und mit den Arbeitern dort sprechen will. So erfährt er erst von der Untreue seiner Hanna und dem schönen Guido, als die große Treibjagd zu Ende ist und nur noch an einigen Plätzen von einzelnen Schützen gejagt werden soll. An dem Stamm lehnt jetzt die blanke Axt.

Ein »Tännling« ist eigentlich eine kleine Tanne, von dem Maß, dass ein Mann sie noch umfassen kann. Der beschriebene Tännling aber ist »ein riesenhaft großer und sehr alter Baum, der gewaltige Äste, eine rauhe aufgeworfene Rinde, und mächtige in die Erde eingreifende Wurzeln hat«. Stifter schildert die Entstehung des Rituals um den Baum fast wie einen Zufall:

»Natürlich ist sie einmal ein Tännling gewesen, die Steine, an denen sie stand, mochten zum Sizen eingeladen, und es mochte einmal einer seinen Namen oder sonst etwas in die feine Rinde eingeschnitten haben. Die verharschenden Zeichen haben einen andern angereizt, etwas dazu zu schneiden, und so ist es fort gegangen, und so ist der Name und die Sitte geblieben.«

Hanns hat die Geliebte mit dem schönen Herren Guido gesehen und erfahren, dass der vornehme Jäger, der ihm die Frau weggenommen hat, am nächsten Morgen beim beschriebenen Tännling seinen Schützenstand einnehmen soll. Schweigend geht er zu seiner Schwester, wo er im Schrank sein Werkzeug verwahrt. Die Art, in der beschrieben wird, wie Hanns sich rüstet, hat etwas tief Unheimliches, wie denn auch in der ganzen Geschichte eine Spannung gehalten wird zwischen dem wundertätigen Bild der schmerzensreichen Muttergottes in dem Kirchlein von Oberplan und dem heidnischen Baum mit seinen Liebeszeichen.

»Er öffnete die Tür des Schreines, und sah auf die Dinge, die da in angebrachten Querhölzern in Einschnitten steckten. Er nahm zuerst einen Bohrer heraus und steckte ihn dort wieder hin, dann nahm er ein Sägeblatt, besah es und steckte es wieder in die Rinne. Dann nahm er eine Axt, wie er sie gerne anwendete, wenn er keilförmige Einschnitte in die Bäume auszuschrotten hatte. Diese Äxte haben gerne einen langen Stiel, sie selber sind schmal und von scharfer Schneide. Diese Axt nahm er heraus und tat die Tür des Schreines wieder zu. Dann ging er in die Schwarzmühle, wo sie hinter dem Gebäude der Brettersäge unter einem Überdache einen Schleifstein haben, den man mittels eines Wässerleins, das man auf sein Rad leitete, in Bewegung setzen konnte. Hanns rückte das Brett, das das Wasser dämmte, setzte den Stein in Bewegung und schliff seine Axt …«

Hanns betet vor dem wundertätigen Marienbild von Oberplan, geht zu dem beschriebenen Tännling und wartet in der Dämmerung bis in die Nacht.

»Hanns lehnte die Axt an den Stamm und sah den Baum an. (…) Die wagrechten Aeste ruhten wie die ausgebreiteten Fittige eines Vogels in der Luft. An dem Fuße des Stammes lagen einige Steine, als wären sie zum Sitzen und Ausruhen her gelegt worden. Auch ging ein schwaches Waldweglein an dem Baume vorbei, auf dem aber Hanns nicht gekommen war.«

Er schläft ein und sieht hoch in den Zweigen des leuchtenden Baumes das Bild der heiligen Jungfrau mit der Krone und den sieben Schwertern im Herzen. Er erwacht und sieht den Mond über der Tanne stehen. Er denkt nach, schultert die Axt und geht fort, zurück zu seinem Holzschlag, wo er bleibt, bis das Jagen abgeschlossen ist und sich Guido mit Hanna vermählt hat.

Damit ist die Geschichte schon fast zu Ende. Viele Jahre später hat Hanns die verwaisten Kinder seiner verstorbenen Schwester angenommen. Hanna ist eine vornehme, etwas zu dicke und etwas zu bleiche Dame geworden, die den Holzknecht nicht erkennt und ihm eine Münze zuwirft, als sie ihn auf dem Weg zu seinem Holzschlag trifft. Er zieht ein mit Leinwand überspanntes Wägelchen, in dem seine drei Kinder sitzen. Er erkennt Hanna sehr wohl und stiftet den geschenkten Taler dem Muttergottesbild, das ihm in dem Baume erschienen ist.

Der Nachsommer

In unserer vom Machen besessenen Welt ist es nicht leicht, jene heilenden »Naturdinge« zu finden, von denen Stifter oft spricht. Sie wirken, indem sie da sind, tragen manchmal Spuren von Tätigkeit, von Wachstum. Garten, Laube, Hochwald, See, Insel und Gebirge. Man hat den *Nachsommer* einen Bildungsroman genannt, das mag er auch sein, aber bei Weitem überwiegt doch eine Vielfalt an diesen heilenden, beständigen Dingen, die Geduld lehren und Halt bieten, wenn die Leidenschaften aufwallen und zu zerstören drohen, was in langsamer Entwicklung an innerem Halt gewachsen ist.

Im *Nachsommer* vermählt Stifter die zwei großen Themen: die Suche nach dem idealisierten (Selbst-)Objekt, welches das unsichere, von Begierden und Ängsten erschütterte Ich festigt; und die Fähigkeit, den Verlust eines Selbstobjektes, das Scheitern der Liebeserfüllung durch den Aufbau eines Kosmos auszugleichen, der diesen Verlust ersetzt.

Der Erzähler der Geschichte entstammt einer reichen bürgerlichen Familie. Der Vater ist Kaufmann und ein kunstsinniger Sammler, der seine Kinder aufmerksam und in festen Grenzen erzieht. Er lässt dem Sohn die Freiheit, in Wissenschaften und Künsten nach einer Aufgabe zu suchen, die ihm entspricht.

Heinrich wird zu einem ernsten jungen Mann, der zunächst ganz von den Naturwissenschaften angezogen ist und beschließt, die Gestalt der Erdoberfläche – vor allem der Gebirge – zu erforschen und darzustellen. Auf einer Wanderung sucht er vor einem drohenden Gewitter Zuflucht in einem schönen Herrensitz auf einem Hügel; er bittet, so lange verweilen zu dürfen, bis sich die Wucht des erwarteten Regens gemildert habe.

Der Besitzer des Hauses beginnt nun einen gelehrten Streit, ob an diesem Tag Wasser auf sein Haus fallen werde oder nicht. Der

Naturforscher möchte nicht nachgeben, der Hausherr hat Freude an dem ernsthaften jungen Mann und lädt ihn ein, länger zu verweilen, was dieser – bald aufs Äußerste beeindruckt von den Gestaltungen des Anwesens – zögernd annimmt.

So beginnen zwei Erzählstränge sich zu verflechten; mit höchster Konsequenz achtet Stifter darauf, dass jedes begonnene Thema am Ende den Leser wieder findet und einen befriedigenden Abschluss hat. Die Wirtschaft auf dem Asperhofe hat eine Welt größter Harmonie geschaffen, und doch kreist die ganze Geschichte, die ganze kosmische Mühe um eine einzige, zentrale Kränkung, die erst gegen Ende der Erzählung auftaucht, nachdem der Schaden symbolisch behoben, das junge Paar, Heinrich und Natalie, glücklich verlobt ist.

Den beiden gelingt, was dem schrittweise aus dem Hintergrund tretenden älteren Paar Mathilde und Gustav versagt blieb: Ihre Liebe führt zu Ehe und Familie. Schönheit und Geist verbinden sich in Anmut und Bescheidenheit, kein Makel liegt auf dieser Beziehung, sie ist für beide die erste, die einzige, die unverbrüchlich lebenslange. Natalie ist die schönste Frau Wiens, und sie erkennt den Mann, den sie nie mehr loslassen wird, mit tränenreichen Blicken während einer Aufführung von Shakespeares *König Lear*, der Tragödie über Narzissmus, Schmeichelei und Kränkung schlechthin:

»Er verbannte die einfache Cordelia, die ihre Antwort nicht schmücken konnte, der er desto heftiger zürnte, da sie früher sein Liebling gewesen war, und gab sein Reich den beiden anderen Töchtern, Regan und Goneril, die ihm auf seine Frage, wer ihn am meisten liebe, mit übertriebenen Ausdrücken schmeichelten und ihm dadurch, wenn er der Betrachtung fähig gewesen wäre, schon die Unechtheit ihrer Liebe dartaten, was auch die edle Cordelia mit sol-

chem Abscheu erfüllte, daß sie auf die Frage, wie sie den Vater liebe, weniger zu antworten wußte, als sie vielleicht zu einer anderen Zeit, wo das Herz sich freiwillig öffnete, gesagt hätte. Gegen Kent, der Cordelia verteidigen wollte, wütete er und verbannte ihn ebenfalls, und so sieht man bei dieser heftigen und kindischen Gemütsart des Königs üblen Dingen entgegen.«[93]

Gewiss lässt sich gegen Stifters Lebenswelten im *Nachsommer* Ähnliches einwenden wie hier gegen Regan und Goneril: Es wird mit übertriebenen Ausdrücken der Realität geschmeichelt, es gibt keine Krankheit, Armut lässt sich durch strebendes Bemühen in Reichtum verwandeln, im Alter werden zwar die Haare weiß, aber die Zähne bleiben gesund. Ein Sammler entdeckt unter dem Gipsüberwurf der in Italien billig erstandenen Figur eine antike Statue von höchstem Kunstwert und reist zu dem Verkäufer, um ihm nachträglich den angemessenen Preis zu bezahlen. An den Rosen ist kein welkes oder gilbendes Blatt, die zum Asperhof gelockten Vögel verzehren zuverlässig Schadinsekten und lassen Schmetterlinge am Leben. Nie missrät ein Projekt, alles gelingt, alle bleiben gesund und loben einander, keine Missstimmung trübt die Verschmelzung der Familien von Risach, Tarona und Drendorf.

Was aber Stifters Idealisierungen von Schmeichelei unterscheidet, ist die Bereitschaft zur Scham. Bescheidenheit ist eine der auffälligsten Zuschreibungen im *Nachsommer*, jeder macht seine Verdienste klein, Risach geht barhäuptig wie ein Büßer, niemand nennt einen prunkenden Namen, nur zufällig sieht Heinrich, dass sein Gastfreund ordensgeschmückt in einer Kalesche den Kaiser besucht, um ihm zur Genesung zu gratulieren.

---

93 Stifter, *Nachsommer*, Kap. 22.

Zur Scham gehört der Blick – sich in die Augen zu sehen, zu erröten. Aus den Trümmern der erniedrigten, in den Wahnsinn gekippten Eitelkeit des Königs Lear wächst die Begegnung von Heinrich und Natalie; aus den bei beiden durch das meisterliche Spiel des Lear-Darstellers erregten Tränen der Trauer erwächst die Liebe auf den ersten Blick, die dann Jahre später in das Liebesgeständnis mündet, das aus dem Verdacht Heinrichs entsteht, Natalie meide ihn. Die Begegnung der Liebenden entwickelt sich aus dem Königsdrama:

»Es ist indessen schon Botschaft an seine Tochter Cordelia getan worden, daß Regan und Goneril den Vater schnöd behandeln. Diese war mit Heeresmacht gekommen, um ihn zu retten. Man hatte ihn auf der Haide gefunden, und er liegt nun im Zelte Cordelias und schläft. Während der letzten Zeit ist er in sich zusammengesunken, er ist, während wir ihn so vor uns sahen, immer älter, ja gleichsam kleiner geworden. Er hatte lange geschlafen, der Arzt glaubt, daß der Zustand der Geisteszerrüttung nur in der übermannenden Heftigkeit der Gefühle gelegen war und daß sich sein Geist durch die lange Ruhe und den erquickenden Schlaf wieder stimmen werde. Der König erwacht endlich, blickt die Frau an, hat nicht den Mut, die vor ihm stehende Cordelia als solche zu erkennen, und sagt im Mißtrauen auf seinen Geist mit Verschämtheit, er halte diese fremde Frau für sein Kind Cordelia. Da man ihn sanft von der Wahrheit seiner Vorstellung überzeugt, gleitet er ohne Worte von dem Bette herab und bittet knieend und händefaltend sein eigenes Kind stumm um Vergebung. Mein Herz war in dem Augenblicke gleichsam zermalmt, ich wußte mich vor Schmerz kaum mehr zu fassen. Das hatte ich nicht geahnt, von einem Schauspiele war schon längst keine Rede mehr, das war die wirklichste Wirklichkeit vor mir. Der günstige Ausgang, welchen man den Aufführungen dieses Stückes in jener Zeit gab, um die fürchter-

lichen Gefühle, die diese Begebenheit erregt, zu mildern, tat auf mich keine Wirkung mehr, mein Herz sagte, daß das nicht möglich sei, und ich wußte beinahe nicht mehr, was vor mir und um mich vorging. Als ich mich ein wenig erholt hatte, tat ich fast scheu einen Blick auf meine Umgebung, gleichsam um mich zu überzeugen, ob man mich beobachtet habe. Ich sah, daß alle Angesichter auf die Bühne blickten und daß sie in starker Erregung gleichsam auf den Schauplatz hingeheftet seien. Nur in einer ebenerdigen Loge sehr nahe bei mir saß ein Mädchen, welches nicht auf die Darstellung merkte, sie war schneebleich, und die Ihrigen waren um sie beschäftigt. Sie kam mir unbeschreiblich schön vor. Das Angesicht war von Tränen übergossen, und ich richtete meinen Blick unverwandt auf sie. Da die bei ihr Anwesenden sich um und vor sie stellten, gleichsam um sie vor der Betrachtung zu decken, empfand ich mein Unrecht und wendete die Augen weg.«[94]

Erst Hunderte von Seiten später sprechen Natalie und Heinrich über diese Szene. Anlass ist die Entdeckung ihrer wechselseitigen Liebe. Noch später wird endlich deutlicher, was das Shakespearsche Kränkungsdrama mit dieser Liebe zu tun hat: In dem Kapitel »Die Mitteilung« schildert Risach, der Gastfreund und Lehrer des Erzählers, wie *er sich* seine einzige, erste und größte Liebe verscherzte, indem er an ihr zweifelte. Natalies Mutter Mathilde war die Schwester eines Kindes aus reicher, adeliger Familie, das er – ein mittelloser Student – erziehen und unterrichten sollte. Der arme Hauslehrer und die 16-jährige Mathilde verliebten sich unsäglich ineinander, schworen sich in einer Rosenlaube ewige Treue und verbrachten eine Zeit glühender heimlicher Liebesgesten, bis Risach es nicht mehr ertrug, seine Zuneigung weiter zu verheimlichen.

---

[94] Ebda., Kap. 22.

Er gestand seine Liebe Mathildes Mutter, die er sehr verehrte. Sie bat ihn, die Unmöglichkeit der Verbindung nicht nur einzusehen, sondern auch Mathilde davor zu bewahren, auf ihn zu warten: Der Ausgang sei ungewiss, die Frage offen, ob er ihr jemals ein Leben bieten könne, das ihrem Stande entspreche. Risach opferte seine Zuneigung der auferlegten Pflicht und bat Mathilde, sich von ihm zu lösen:

»›Ich muß gehorchen‹, rief sie, indem sie von der Bank aufsprang, ›und ich werde auch gehorchen; aber du mußt nicht gehorchen, deine Eltern sind sie nicht. Du mußtest nicht hieher kommen und den Auftrag übernehmen, mit mir das Band der Liebe, das wir geschlossen hatten, aufzulösen. Du mußtest sagen: Frau, eure Tochter wird euch gehorsam sein, sagt ihr nur euren Willen; aber ich bin nicht verbunden, eure Vorschriften zu befolgen, ich werde euer Kind lieben, so lange ein Blutstropfen in mir ist, ich werde mit aller Kraft streben, einst in ihren Besitz zu gelangen. Und da sie euch gehorsam ist, so wird sie mit mir nicht mehr sprechen, sie wird mich nicht mehr ansehen, ich werde weit von hier fortgehen; aber lieben werde ich sie doch, so lange dieses Leben währt und das künftige, ich werde nie einer Andern ein Teilchen von Neigung schenken und werde nie von ihr lassen. So hättest da sprechen sollen, und wenn du von unserm Schlosse fortgegangen wärest, so hätte ich gewußt, daß du so gesprochen hast, und tausend Millionen Ketten hätten mich nicht von dir gerissen, und jubelnd hätte ich einst in Erfüllung gebracht, was dir dieses stürmische Herz gegeben. Du hast den Bund aufgelöset, ehe du mit mir hieher gegangen bist, ehe du mich zu dieser Bank geführt hast, die ich dir gutwillig folgte, weil ich nicht wußte, was du getan hast. Wenn jetzt auch der Vater und die Mutter kämen und sagten: Nehmet euch, besitzet euch in Ewigkeit, so wäre doch alles aus. Du hast die Treue

gebrochen, die ich fester gewähnt habe als die Säulen der Welt und die Sterne an dem Baue des Himmels.‹«[95]

Die schnelle Zerstörung der Liebe durch einen einzigen Fehler, die aufflammende narzisstische Wut, die danach strebt, das enttäuschende Objekt zu vernichten, hat Stifter immer wieder beschäftigt. Er lässt seine Figuren mit dieser Wut ringen, und am meisten Spannung gewinnen seine Erzählungen dort, wo nicht sicher ist, wer den Sieg davonträgt, ob die Entwertung vollständig ist oder ob spät und nach vielen Umwegen doch noch eine Versöhnung gelingt.

»Ich wollte sprechen, ich versuchte es mehrere Male; aber ich konnte nicht, die Brust war mir zerpreßt und die Werkzeuge des Sprechens ohne Macht. Ich faßte nach ihrem Körper, sie zuckte aber weg, wenn sie es empfand. Dann stand ich unbeweglich neben ihr. Ich griff mit der bloßen Hand in die Zweige der Rosen, drückte, daß mir leichter würde, die Dornen derselben in die Hand und ließ das Blut an ihr nieder rinnen.«[96]

Gustav Risach verhält sich, wie wir es von den Borderline-Kranken kennen, die sich angesichts übermächtiger Verstörungen selbst verletzen.[97] Mathilde heiratet später den Herrn Tarona und hat mit ihm zwei Kinder. Den Sohn nennt sie Gustav, nach dem verlorenen Geliebten. Risach tritt in den Staatsdienst ein, hat viele Erfolge, heiratet spät, nicht aus Liebe, sondern aus Pflichtgefühl der Gesell-

---

[95] Ebda., Kap. 86.

[96] Ebda., Kap. 86.

[97] Der Gedanke liegt nahe, dass Stifter wusste, wovon er sprach; er starb an einer Selbstverletzung mit seinem Rasiermesser.

schaft gegenüber. Seine Frau stirbt nach zwei Jahren – es ist nie ein böses Wort gefallen, es war aber auch nie eine tiefe Verbindung spürbar. Risach erbt ein Vermögen und kann sich damit und mit dem, was er im Staatsdienst verdient hat, sein Gut kaufen.

Er züchtet die Rosen, die ihn an Mathilde erinnern. Sein Nachsommer beginnt, als ihn Mathilde besucht, ihn bittet, ihr zu verzeihen und ihren Sohn Gustav zu erziehen, wie er einst ihren Bruder erzogen habe. Zwischen Mathilde und Risach entwickelt sich ein Zustand der von Leidenschaften gereinigten Nähe.

> *»Es gibt eine eheliche Liebe, die nach den Tagen der feurigen, gewitterartigen Liebe, die den Mann zu dem Weibe führt, als stille, durchaus aufrichtige süße Freundschaft auftritt, die über alles Lob und über allen Tadel erhaben ist, und die vielleicht das Spiegelklarste ist, was menschliche Verhältnisse aufzuweisen haben. Diese Liebe trat ein. Sie ist innig, ohne Selbstsucht, freut sich, mit dem Andern zusammen zu sein, sucht seine Tage zu schmücken und zu verlängern, ist zart und hat gleichsam keinen irdischen Ursprung an sich.«*[98]

Heinrich lässt die Angelegenheit nicht auf sich beruhen. Er stellt eine naheliegende Frage, nachdem Risach die Nachsommer-Geschichte beendet hat:

> *»›Nun mein sehr lieber junger Freund‹, sagte er nach einer Weile, ›ich habe euch von meinem Leben erzählt, da ihr einer der unseren werden sollt, ich habe zu euch von meinem tiefsten Herzen geredet, und jetzt enden wir dieses Gespräch.‹*

---

[98] Stifter, *Nachsommer,* Kap. 88.

›Ich bin euch Dank schuldig‹, antwortete ich, ›allein all das Gehörte ist noch zu mächtig und neu in mir, als daß ich jetzt die Worte des Dankes finden könnte. Nur eins berührt mich fast wie ein Schmerz, daß ihr mit Mathilden nach eurer Wiedervereinigung nicht in einen nähern Bund getreten seid.‹
Der Greis errötete bei diesen Worten, er errötete so tief und zugleich so schön, wie ich es nie an ihm gesehen hatte.
›Die Zeit war vorüber‹, antwortete er, ›das Verhältnis wäre nicht mehr so schön gewesen, und Mathilde hat es auch wohl nie gewünscht.‹«[99]

Die erschriebene Tugend

»Jeder nämlich, dem die Burg als Erbschaft zufiel, mußte, ehe sie ihm ausgeantwortet würde, zweierlei Dinge leisten: erstens mußte er schwören, daß er getreu und ohne geringsten Abbruch der Wahrheit seine Lebensgeschichte aufschreiben wolle, und zwar von der Zeit seiner ersten Erinnerung an bis zu jener, da er nur noch die Feder zu halten im Stande war. Diese Lebensbeschreibung solle er dann Heft für Heft, wie sie fertig wird, in dem feuerfesten Gemache hinterlegen, das zu diesem Zwecke in den roten Marmorfels gehauen war, der sich innerhalb der Burg erhebt; – zweitens mußte er schwören, daß er sämtliche bereits in dem roten Steine befindlichen Lebensbeschreibungen lesen wolle, wobei es ihm aber nicht gestattet ist, irgendeine von dem Gemache ihrer Aufbewahrung wegzutragen.«[100]

---

[99] Ebda., Kap. 88.

[100] Adalbert Stifter: *Die Narrenburg,* Basel u. a. 1962, S. 321 (Gesammelte Werke, Bd. 1).

Während im *Nachsommer* ein durchaus ernster Ton vorherrscht, baut Stifter in der *Narrenburg* schon im Titel ironischen Abstand auf. Denn der Gedanke des Burgherrn, durch genaues Aufschreiben aller eigenen Irrtümer sowie die Pflicht, alles über die Irrtümer und Fehler der Ahnen zu lesen, ein immer vernünftigeres Geschlecht heranzubilden, schlägt schon in der Vorgeschichte nicht nur fehl, sondern erreicht das Gegenteil:

> *»Der Grund, der Hannsen leitete, eine so seltsame Klausel an sein Fideikommiß zu hängen, war ein zweifacher. Erstens, obwohl er ein sehr frommer und tugendhafter Mann war, so hatte er doch in seinem Leben so viele Narrheiten und Übereilungen begangen, und es war ihm daraus so viel Beschämung und Verdruß zugewachsen, daß er beschloß, alles haarklein aufzuschreiben, ja auch seinen Nachfolgern die Pflicht aufzulegen, daß sie ihr Leben beschreiben, damit sich jeder, der nach ihnen käme, daran zu spiegeln und zu hüten vermöge.*
> *Der zweite Grund war: daß sich jeder, der nur die entfernteste Anwartschaft auf Rothenstein hätte, gar wohl von Laster und Unsitte fern halten würde, damit er nicht dereinst in die Lage käme, sie beschreiben zu müssen, oder sie doch halbwegs einzugestehen, wenn er den Eid von sich schiebe.«*[101]

Nun hatte Hannsen das Pech, das genaue Gegenteil zu erreichen: Keiner seiner Erben fiel wegen seines abgewogenen Urteils und seiner weisen Lebensführung auf, im Gegenteil: Sobald sie in den Besitz der Burg kamen und die Lebensbeschreibungen ihrer Vorgänger lasen, schienen die Grafen von Scharnast geradezu verrückt zu werden.

---

[101] Ebda., S. 322.

Sie taten unbesonnene Dinge, sodass die Burg den bösen Namen erhielt und am Ende verwaist in der Landschaft stand, seit der letzte Scharnast beschloss, auf der Seite der aufständischen Kabylen in Afrika gegen die französischen Kolonialherrn zu kämpfen, und dort den Tod fand.

In schönster Ironie erläuterte Heinrich von Kleist 1810 in seinem »Allerneuesten Erziehungsplan« in den *Berliner Blättern*, dass die Pädagogen lange genug und ohne Erfolg an die guten Vorbilder geglaubt hätten, während doch schlechte Vorbilder, welche die natürliche Neigung zum Gegenbild, zum Widerspruch weckten, erfolgreicher sein könnten – so sei eine Schule der Tugend durch das Laster zu gründen, schließlich würden auch in der Mitte einer aus ausgesuchten Verbrechern gebildeten Kolonie Organe des Rechts entstehen.

Der Gedanke, durch Schreiben einen kritischen Spiegel für das eigene Ich zu gewinnen und eine schwankende Sittlichkeit durch Scham zu festigen, ist der keimenden Individualisierung deutscher Karrieren geschuldet, deren Ausgesetztheit und Widerspruch zur Tradition Stifter unausgesetzt beschäftigte und zu seinen träumerischen Lösungen führte.

Stifter steht auch für die oft als typisch deutsch angesprochene Naturverbundenheit, in der sich das in den Napoleonischen Kriegen (und vorher schon in der Reformation) herbeigesehnte deutsche Selbstgefühl gegen die »römische« Vormacht behauptet. Dem Deutschen wird zugetraut, dass er sich unabhängig von äußeren Einflüssen selbst regulieren und steigern kann. In der *Narrenburg* wird diese Hoffnung zugleich erfüllt und entkräftet, zugespitzt und ironisch aufgehoben.

Die Natur ist allen die Gleiche, das Naturerleben ist eine alle Menschen verbindende Kategorie, die Rettung aus der Naturgefahr (wie in Stifters Erzählung *Bergkristall)* oder die Bereitschaft, sich ihr freiwillig zu opfern (wie in *Die Mappe meines Urgroßvaters*), trägt das unbezwingliche Naturgesetz in die menschlichen Beziehungen. Das gilt auch für die Sexualität. Angesichts ihrer Forderungen an die adoleszente Seele entfaltet Stifter eine idealisierende Rede, deren Glanz umso tröstlicher ist, je genauer wir ahnen, wie sumpfig das Gelände ist, über dem das Irrlicht tanzt:

> *»Er zog sie gegen den Sitz nieder, und sie folgte widerstrebend, weil fast kein Raum war; denn Anna hatte ihn einst so klein machen lassen, da sie noch nicht wußte, wie selig es zu zweien ist. Jetzt aber wußte sie es, und bebend, mehr schwankend als sitzend, stützte sie sich auf das zu kleine Bänkchen – auch der Mann war beklommen; denn in beiden wallte und zitterte das Gefühl, wodurch der Schöpfer seine Menschheit hält – das seltsam unergründliche Gefühl, im Anfange so zaghaft, daß es sich in jede Falte der Seele verkriechen will, und dann so riesenhaft, daß es Vater und Mutter und alles besiegt und verläßt um dem Gatten anzuhangen – es ist ein Gefühl, das Gott nur an dem Menschen, an seinem vernünftigen Freunde, so schön gemacht hat, weil er seiner zermalmenden Urgewalt ein zartes Gegengewicht angehängt – ein zartes, aber unzerreißbares – die Scham. Darum, was das Tier erst recht tierisch macht, das hebt den Menschen zum Engel des Himmels und der Sitte, und die rechten Liebenden sind heilig im menschenvollen Saale, und in der Laube, wo bloß die Nachtluft um sie zittert – ja gerade da sind sie es noch mehr, und bei ihnen fällt kein Blättchen zu frühe oder unreif aus der großen Glücksblume, die der Schöpfer ihnen zugemessen hatte; es fällt nicht, eben weil es nicht fallen kann.«*[102]

---

[102] Ebda., S. 344.

Diese Versöhnung der himmlischen mit der irdischen Liebe zeichnet dieses Paar vor den chaotischen Liebesbeziehungen aus, die sich in dem weitläufigen Gelände des Herrensitzes als Bauten ebenso ausformen wie in den Lebensbeichten, die im Marmorgewölbe eingeschlossen sind.

Parallel zu dieser Versöhnung entwickelt Stifter auch einen Gedanken, der später, ins Rassistische gewendet, die deutsche Katastrophe einleitete: Das durch Jahrhunderte der Inzucht verdorbene Blut der Grafen von Scharnast wird dadurch gereinigt, dass ein Zweig des Geschlechts sich in der bäuerlich-bürgerlichen Welt aufgelöst hat und nun wiederkehrt, um das Erbe in Besitz zu nehmen. »Ich dachte mir, wenn der Julius eine Bauerndirne geheiratet hat, so könnte uns, weil die Art gewechselt wurde, wie man es mit dem Samenkorn der Felder tut, dass es wieder frisch anschlägt – es könnte uns so, was man sagt … ein gesetzterer Herr kommen.«[103]

So spricht Vater Erasmus, der Wirt in der grünen Fichtau, dessen Tochter Anna den armen Naturforscher Heinrich liebt, der ein Kind des Julius von Scharnast ist. Dieser wurde einst von seinem Bruder um sein mütterliches Erbe betrogen, ging in Kriegsdienste und heiratete später ein Bauernmädchen. Erasmus deutet an, wie der Narzissmus der Kleinbürger den Rassismus der nächsten Generationen vorbereitet: Eben weil ich keine adeligen Vorfahren habe, keinen großen Namen trage, besitze ich die besseren Anlagen. Im Grunde steht mir zu, was jenen gehört. Man meint, dem armen Hauslehrer über die Schulter zu schauen, der die Kinder einer reichen Familie unterrichtet und bei sich denkt: Ich bin besser als sie; wenn ich es recht bedenke, stünde dieses Erbe mir zu, ich könnte endlich, von materiellen Sorgen frei, der Kunst und der Wissenschaft dienen.

---

103 Ebda., S. 336.

Aber während die nationalsozialistischen Zuspitzungen nichts Altes und Ehrwürdiges respektierten, versöhnte Stifter in seinen Natur- und Architekturbildern Geschichte und Gegenwart. Wir dürfen, so meinen wir ihn zu verstehen, alles in Besitz nehmen, den hohen Wald, den fischreichen See, das Kloster auf der Insel (wie im *Hagestolz*) oder eben die vielfältigen Gebäude im Mauerring der Burg Rothenstein.

> *»Ein ganzes Geschlecht mußte durch Jahrhunderte hindurch auf diesem Berge gehauset, gegraben und gebaut haben. Abgesonderte Bauwerke, gleichsam selber wieder Schlösser, standen auf verschiedenen Punkten, niedere Mauern liefen hin und her, Brüstungen bauschten sich, die Anmut griechischer Säulen blickte sanft herüber, ein spitzer Turm zeigte von einem roten Felsgiebel empor, eine Ruine stand in einem Eichenwalde, und weit draußen auf einer Landzunge, deren Ränder steil abfielen, schimmerte das Weiß neuester Gebäude. Und diese ganze weitläufige Mischung von Bauten, Gärten und Wäldern war umfangen durch dieselbe klafterdicke, hohe, graue Eisenmauer, durch welche sie hereingelassen worden waren, und an welcher Heinrich bei seiner Entdeckung des Schlosses, wovon er nur einen Teil gesehen, herumgekrochen war, um einen Eingang zu finden. Wie ein dunkles Stirnband umzirkelte sie den weiten Berg und schnitt seinen Gipfel von der übrigen Welt heraus.«*[104]

Während es in den *Nachkommenschaften* um die künstlerische Größenfantasie geht, handelt die *Narrenburg* von der moralisch-poetischen. In der Schriftrolle des Jodokus, dessen Lebensgeschichte als einzige der Vorfahrengeschichten wiedergegeben wird, liest Heinrich die Kritik an diesem destruktiven moralischen Ideal:

---

[104] Ebda., S. 369.

»Und darum kann ich euch keinen Dank haben, Ubaldus und Johannes, und Prokopus und Julianus – und wie ihr heißet; denn der Dämon der Taten steht jederzeit in einer neuen Gestalt vor uns, und wir erkennen ihn nicht, daß er einer sei, der auch schon euch erschienen war – und eure Schriften sind mir unnütz. Jedes Leben ist ein neues, und was der Jüngling fühlt und tut, ist ihm zum ersten Male auf der Welt: ein entzückend Wunderwerk, das nie war und nie mehr sein wird – aber wenn es vorüber ist, legen es die Söhne zu dem andern Trödel der Jahrtausende, und es ist eben nichts als Trödel; denn jeder wirkt sich das Wunder seines Lebens aufs neue.
Was ich hier schreibe, bin nicht ich – mich kann ich nicht schreiben, sondern nur, was es durch mich tat. Ich habe die Erde und die Sterne verlangt, die Liebe aller Menschen, auch der vergangenen und der künftigen, die Liebe Gottes und aller Engel – ich war der Schlußstein des millionenjährig bisher Geschehenen und der Mittelpunkt des All, wie es auch du einst sein wirst; – aber da rollt alles fort – wohin? das wissen wir nicht. – Millionenmal Millionen haben mitgearbeitet, daß es rolle, aber sie wurden weggelöscht und ausgetilgt, und neue Millionen werden mitarbeiten, und ausgelöscht werden. Es muß auch so sein: was Bilder, was Denkmale, was Geschichte, was Kleid und Wohnung des Geschiedenen – wenn das Ich dahin ist, das süße, schöne Wunder, das nicht wieder kommt! (…)
Wundere dich nicht über diesen meinen Schmerz, da doch alles, was ich in den vielen Blättern oben geschrieben habe, so heiter und so freundlich war, wundere dich nicht; denn ich gehe dem Engel meiner schwersten Tat entgegen, und aus den Pergamenten des roten Felsensaales kam dieser Engel zu mir. Dort liegen die Schläfer, von ihrem Ahnherrn verurteilt, daß sie nicht sterben können; eine schauderhaft durcheinanderredende Gesellschaft liegt dort, vor je-

dem Ankömmling müssen sie ihre Taten wieder neu tun, sie seien groß oder klein; – diese Taten, genug, sie waren ihr Leben und verzehrten dieses Leben. Wenn es dein Gewissen zuläßt, später Enkel, so verbrenne die Rollen und sprenge den Saal in die Luft. Ich täte es selber, aber mir schaudert vor meinem Eide. Kannst es aber auch du nicht tun, so vergiß doch augenblicklich das Gelesene, daß sich die Gespenster all ihres Tuns nicht in dein Leben mischen und es trüben, sondern daß du es lieber rein und anfangsfähig aus der Hand deines Schöpfers trinkest.«[105]

Jodokus beschreibt seine narzisstische Krise, seinen Ekel am Leben. »Ich wollte Neues tun. Den Kriegsruhm hatte ich schon genossen, dies ekle, blutige Getränke; die Kunst hatte ich gefragt, aber sie sagt nichts, wenn das Herz nichts sagt; die Wissenschaften waren Rechenpfennige, und die Liebe Sinnlichkeit, und die Freundschaft Eigennutz.«[106] Er beschließt, nach Indien zu fliehen, wo er unter Palmen die wunderschöne Chelion trifft, Tochter eines Unberührbaren. Er entführt sie nach Europa, in seine Burg, und baut für sie das Parthenon, einen klassizistischen Tempel. Sein jüngerer Bruder Sixtus verliebt sich in Chelion. Das Naturkind kann dem stürmischen Begehren nicht widerstehen. Sixtus flieht; in rasender Eifersucht überlegt Jodokus, Chelion zu töten. Sie will sich willig opfern. Angesichts ihrer Hingabe an das Schicksal kommt der Burgherr zur Besinnung. Er versöhnt sich mit seinem Weib, aber ihr Herz ist gebrochen. Sie stirbt bald. Als er von ihrem Tod erfährt, erschießt sich Jodokus' Bruder. Alle Beziehungen geraten in Unordnung. Der Sohn von Chelion, Christoph, entfremdet sich dem Vater. Er beginnt eine Liebesbeziehung mit Narzissa, der Tochter

[105] Ebda., S. 414f.

[106] Ebda., S. 417.

des Kastellans Ruprecht, aus der ein uneheliches Kind entspringt. Verstört sucht er den Tod in einem Krieg, den die Christen gegen die Heiden führen, auf der Seite der Heiden, der Seite seiner Mutter. Narzissa stirbt, ehe sie zu Christoph Scharnasts rechtmäßiger Gemahlin werden kann. So verwaist die Burg; Ruprecht wird wahnsinnig, seine Enkelin Pia wächst auf wie ein wildes Tier.

An vielen Stellen in Stifters Werk lässt sich beobachten, wie klar dem Dichter bewusst ist, dass er seine wie durchsichtig gemalten Natur- und Menschenbilder dem Chaos und dem Wahnsinn abgerungen hat, Zuständen, die er genau kennt und an die zu rühren er sich scheut, wie es Heinrich in der *Narrenburg* gegenüber dem wahnsinnigen Kastellan fühlt.

> *»Die Verrückung jener Gesetze, auf deren Dasein im Haupte jedes andern man mit Zuversicht baut, als des einzigen, was er untrüglich mit uns gemein hat, trägt etwas so Grauenhaftes an sich, daß man sich nicht getraut, das fremdartige Uhrwerk zu berühren, daß es nicht noch grellere Töne gebe und uns an dem eigenen irre mache.«*[107]

Wie im *Nachsommer*, sogar noch weiter vorgreifend als dort, heilt Stifter die Verwirrungen und Ärgernisse der Vergangenheit durch eine Liebesbeziehung: die zwischen Anna, der Tochter des Wirts in der grünen Fichtau, und dem Erben der Scharnast-Burg, der seine Wurzeln wiedergefunden hat. In dieser Beziehung haben beide Partner in idealer Weise ihren Platz – der Naturforscher pflegt seine Liebhaberei in großen Sammlungen von Pflanzen und Tieren; Anna hingegen ist eine würdige Burgherrin mit zwei schönen Knaben. Auch die wilde Pia, die Frucht der verbotenen Liebe zwischen

---

[107] Ebda., S. 383.

Christoph von Scharnast und Narzissa, ist zu einer schönen Jungfrau gereift und trägt, so wie Heinrich dem unglücklichen Bruder des Jodokus gleicht, eine sprechende Ähnlichkeit mit Chelion, dessen unglücklicher indischer Frau. Abbilder der an ihrer Sünde gescheiterten Ahnen, erlösen sie diese nachträglich von ihrem Scheitern:

> *»In der hohen Frau, die mit zwei blühenden Knaben wandelt, würde niemand mehr die einstige Anna aus der grünen Fichtau erkennen; denn sie wird in Heinrichs Schule fast ein halbes Wunderwerk – aber ein anderes vollendetes Wunder steht neben ihr, ein Mädchen, namenlos schön wie ein Engel, und rein und sanft blickend wie ein Engel; es ist Pia, die Tochter Narcissas und des unglücklichen Grafen Christoph, der eher gestorben, ehe er seine Sünde gut machen konnte. Heinrich hatte sie an Kindes Statt angenommen, nachdem er sie und den alten Ruprecht, die sich bei seiner Ankunft in dem Kastellanhäuschen verkrochen hatten, an sich gelockt und an sein Wesen und Tun gewöhnt hatte.«*[108]

Wer Stifter mit Tolstoi, Dickens, Balzac und Manzoni vergleicht, meint doch zu ahnen, wie viel reizbarer und mehr auf Beruhigung angewiesen das deutsche Selbstgefühl ist. Nirgends sonst sind die Hoffnungen auf den Frieden, den eine belastete Seele in der Natur finden kann, so ausgeprägt. Andere Dichter erfassen den Menschen in seinen Beziehungen. Stifter aber ist hier resignierter und hoffnungsvoller zugleich, autistisch in die »Naturdinge« vertieft und heimlich getrieben von der Sehnsucht nach Erlösung. So wird das Bedürfnis nach einer romantischen Liebe radikal und distanzlos, während die Sehnsucht nach künstlerischer oder wissenschaftlicher

---

[108] Ebda., S. 216

Selbstverwirklichung durch Humor und Ironie gebrochen werden kann.

Wie in Stifters Erzählungen ist auch in der deutschen Ehe beides erschwert: sich abzufinden mit den Schwächen und Mängeln des Liebesobjekts auf der einen Seite, sich zu erholen von seinem Verlust auf der anderen. Stifter kennt hilfreiche Geister: die Natur, die Genauigkeit, den Humor. Aber er macht sich und uns keine Illusionen und weiß, dass sie nicht immer den Sieg davontragen werden.

Schluss: Die große Liebe

In den 1950er-Jahren kam der Film *Die große Liebe meines Lebens* in die deutschen Kinos. Gary Grant und Deborah Kerr spielen ein Paar, das sich findet, verliert und wieder findet. Wer das Original kennt, wundert sich ein wenig, wie nüchtern sein Originaltitel gegenüber dem deutschen Verleihtitel wirkt: *An Affair to Remember* (USA 1957, Regie: Leo McCarey). Hier die große Liebe, dort eine denkwürdige Affäre?

In einer Talkshow[109] wurde 2014 die Frage gestellt, ob es »die große Liebe gibt«. Im Einspielfilm treffen wir eine Autorin, die ein Buch über ihre (gescheiterte) große Liebe geschrieben hat und daraus liest. Die Kamera richtet sich auf Frauen im Publikum. Ob sie an die große Liebe glauben? Alle sagen ja, eine strahlt, sie habe sie gerade gefunden. Dann ein Ausschnitt aus der Diskussion nach der Lesung. Ein junger Mann bedrängt die Autorin: Woran könne er, bitte sehr, die große Liebe erkennen und herausfinden, ob die Frau, die er kennengelernt habe, seine große Liebe sei?

Die große Liebe scheint mir ein Konstrukt *Made in Germany*, eine Synthese aus Leistung und Gefühl, aus narzisstischer Fantasie (die uns doch immer sagt, wir seien die Größten) und der Hoffnung, dass eine autoritäre Gestalt uns die Sicherheit gibt: Ja, das ist sie!

Die große Liebe kann nur finden und behaupten, wer *vergleicht*, wer eine Skala hat. Wer von ihr spricht, entwirft quasi eine Kasten-

---

[109] *DAS!* NDR, 26. September 2014.

gesellschaft der Gefühle, in der es Parias ebenso gibt wie Brahmanen. Und wer möchte nicht lieber Brahmane sein?

In Wahrheit gibt es so viele Lieben wie Menschen, ausgesprochene und unausgesprochene, gehemmte und leidenschaftliche, skeptische oder verblendete. Es gibt anfangs beteuerte und übertriebene Lieben, die in Hass münden, so gut wie anfangs ignorierte und klein geredete, die aufblühen und Bestand haben.

Selbstvergessenheiten lassen sich nicht vergleichen. Und was ist Erotik ohne Hingabe an einen selbstvergessenen Zustand, in dem sich alle Bewertungen auflösen?

Was also bedeutet es, wenn davon geredet wird, eine Liebe sei größer als eine andere? Es bedeutet, dass wir unsicher sind und uns die Sicherheit wünschen, die man gewinnt, wenn man zählt, misst, wiegt, rechnet. Insofern ist die Frage des jungen Mannes dem Konzept der großen Liebe angemessen. *Ich möchte doch bitte genau wissen, dass ich mich an einer Stelle fallen lasse, wo ich auch aufgefangen werde.*

Im Orient sorgen bis heute fürsorgliche Sippen dafür, dass die Liebe auf die richtige Person trifft und dann im Schutz der Großfamilie auch groß werden kann. Gegen diese Lösung würde sich der Narzissmus des jungen Mannes empören. Er glaubt, oder er tut so, als würde er glauben, dass er bei einer Expertin besser aufgehoben ist als bei sich selbst oder seiner Mama.

Wenn die große Liebe in Streit, Freudlosigkeit und Fremdgehen zu enden droht, liegt das daran, dass die Partner sich nicht genügend engagieren und zu hohe Erwartungen an ihr Gegenüber richten. Es fehlt ihnen an Selbstliebe. Die Journalistin Eva-Maria Zurhorst hat diese These in dem Buch *Liebe dich selbst und es ist egal, wen du heiratest* (München 2004) publikumswirksam vertreten.

Hier löst sich das Bild der großen Liebe in einem Größenselbst auf. Wer sich nur genügend lieben kann, der wird über alle Schwierigkeiten triumphieren und aus erotischen Wüsten blühende Oasen schaffen. Wenn du es richtig machst, klappt es mit jedem Partner – diese Botschaft wird im Text zwar revidiert, aber im Titel macht sie doch gehörig Lärm.

Zu hoffen ist, dass die Leserinnen die Botschaft nicht zu ernst nehmen. Denn gerade das Modell, ein liebender Partner ließe sich durch das (selbst)liebende Vorbild erzwingen, bereitet der Depression den Weg, wenn sich die Hoffnung erschöpft und die Selbstliebe nach dem Motto misslingt: Jetzt versuche ich es schon so lange und kann weder mich lieben noch von meinem Mann die Liebe bekommen, die ich ihm doch gegeben habe.

Wo andere Nationen die Liebe zärtlich in ihre Schranken weisen, ihren Anfangsanspruch ironisch brechen, ihn mit Narretei verbinden (*amour fou*) oder den Absturz vor den Höhenflug setzen (*to fall in love*), scheint die deutsche, die große Liebe nur die Wahl zu erlauben zwischen Denkmalspflege und Sockelsturz.

Ich wünsche mir, dass unsere Erfahrungen mit Fanatismus und missionarischen Haltungen dazu führen, dass in Deutschland eine neue Kultur der Partnerschaft entsteht: eine Kultur der Partnerschaft, welche die Unterschiede in den Werten und Bedürfnissen Liebender respektiert. Sie kann über das Scheitern der großen Erwartungen lachen und sich trösten lassen. Indem sie die moderne Wahrheit annimmt, dass jede Partnerschaft interkulturell ist, gewinnt sie auch Geduld mit dem Fremden im Gegenüber.

Verliebte *träumen*, sie seien wie Zwillinge und könnten alles miteinander teilen. Sie brauchen jemanden, der auf sie aufpasst und dafür sorgt, dass sie nicht aus diesem Traum aufschrecken und in wachsender Panik sich selbst verlieren. Und wenn die Beziehung trotz aller Mühen nicht funktioniert, brauchen sie die Freiheit, sich zu trennen und daran zu glauben, dass dieser Umbau der idealisierten Erwartungen in die alltagstaugliche Zärtlichkeit mit einem neuen Partner gelingen kann.

Dazu ist es hilfreich, sich sowohl an die Verletzungen des deutschen Selbstgefühls zu erinnern wie an den in unseren Familien vielfach präsenten Versuch, diese Kränkungen zu kompensieren. Der bereits erwähnte Text, den ich 1977 über die »hilflosen Helfer« schrieb, geht den Versuchen nach, traumatische Erfahrungen durch Idealbildung zu kompensieren.[110] Der künftige Helfer reagiert auf eine Kränkung in seinem kindlichen Erleben, auf Enttäuschungen über Mängel an Einfühlung und Aufmerksamkeit vonseiten seiner Eltern, indem er ein Bild von sich entwirft und es in seine Zukunft projiziert. Dieses Bild ist besser als gut; sein zentraler Inhalt ist, nie wieder abhängig zu sein, sondern danach zu streben, anderen zu geben, was sie brauchen, andere bedürftiger zu haben und zu halten, als man es selbst ist.

Es geht auch hier um die Abwehr der Angst, eigenen Schwächen zu begegnen, die so charakteristisch ist für die Konflikte in den deutschen Ehen wie für viele Spannungen, die Deutschland mit seinen Nachbarn aufbaut. Angesichts eines Konfliktes wird das Gegenüber kritisiert, weil es sich nicht korrekt verhält. Das verstrickt dann beide Seiten in Rechtfertigungen und Vorwürfe. Wo Abwehr-Ideale wie die große Liebe auftauchen, fällt es schwer, sich zu mäßigen, sich für Pannen zu entschuldigen, auch wenn man gar nicht schuld ist an ihnen, Humor zu entwickeln, der eigene Schwäche spiegelt und lachen kann, wenn der Reiter vom hohen Ross fällt.

Mit dem Bild der totalen Mobilmachung, des totalen Krieges und der totalen Belastbarkeit (»hart wie Kruppstahl, zäh wie Leder«) hat das deutsche Selbstgefühl gefährliche Verleugnungen seiner Schwächen aufgebaut. Diese Härte hat das Jahr 1945 überstanden. Sie hat das Wirtschaftswunder der BRD ebenso ermöglicht wie

---

110 Schmidbauer, *Die hilflosen Helfer*, a.a.O.

den Aufbau des Sozialismus in der DDR. Sie wurde erst nach der Wiedervereinigung einer kritischen Untersuchung zugänglicher.

Dass die sozialistische Elite 1989 ohne Blutvergießen aufgab, markiert einen Fortschritt der deutschen Zivilgesellschaft, der nachher schnell vergessen und den Akteuren wenig gedankt wurde. In Staaten wie in Ehen sollte man aber nicht nur das Gute würdigen, sondern auch die Bereitschaft, das Schlechte zu unterlassen.

Die neue deutsche Einheit hat viele Ungerechtigkeiten nicht verhindern können. Sie bleibt aber im Ganzen eine unglaubliche Leistung, wenn wir bedenken, wie schwierig es bisher in Deutschland war, Gewalt zu zügeln und Kompromisse zu finden. Unterschwellig, durch »Personalien«, werden die neuen Bundesländer für ihr Verdienst um das deutsche Selbstgefühl auch anerkannt.

So gibt es Gründe zu der Hoffnung, dass sich die spezifischen Probleme der deutschen Ehe schrittweise in einem vereinten Europa auflösen und die Dynamik in unseren Liebeswelten nicht mehr als Anlass für Rechthaberei erlebt wird, sondern als Chance, Vielfalt zuzulassen und sich ihrer zu erfreuen.